Parkinson

Das Mañana-Gesetz

C. Northcote Parkinson

Das Mañana-Gesetz

Die Kunst, Entscheidungen auf die lange Bank zu schieben

Econ Verlag
Wien · Düsseldorf

Übertragung aus dem Englischen von Wolfgang Prott
Titel der bei John Murray, London, erschienenen Originalausgabe:
The Law of Delay

1. Auflage 1971

Printed in Germany
Gesamtherstellung: Richterdruck Würzburg
ISBN 3 430 17368 X

Inhalt

Vorwort

Die Essays in dieser Sammlung sind im Laufe der Jahre in verschiedenen Zeitschriften erschienen. Einige von ihnen gehen auf einen besonderen Anlaß zurück, während ich andere auf redaktionelle Anforderung hin schrieb. Ihr noch eben erkennbares vages Leitmotiv ist, daß Herrschende und Beherrschte sich gefährlich voneinander weg entwickelt haben. Auf jeder der beiden Seiten sehen wir die öffentliche Demonstration, die Protestprozession, den Ausdruck des Hasses. Ferner sehen wir das schiere Ausmaß und die Komplexheit der Institutionen, die unsere moderne Welt überschatten: scheinbar liegt es außerhalb unserer Macht, politische und industrielle Bürokratien zu beeinflussen oder auch nur zu durchdringen. Manche Leute ziehen daraus die Schlußfolgerung, daß Unruhe das einzige Mittel dagegen ist. Falls diese Schlußfolgerung falsch ist, dann ist es Sache unserer Herrschenden, dies dadurch zu beweisen, daß sie neue Organisationen in einem humaneren Maßstab schaffen. In einem dieser Essays habe ich versucht, einen Vergleich zwischen diesem und jenem Lande anzustellen. Dabei kommen die kleineren Länder besser weg. Es gibt so etwas wie eine Größe, die ein Maximum an Leistungsfähigkeit ermöglicht, und alle unsere Institutionen neigen dazu, sie zu überschreiten.

Wenn es ein angemessenes Format für eine industrielle oder öffentliche Verwaltungseinheit gibt, dann gibt es auch ein angemessenes Format für einen Essayband. In dieser Hinsicht habe ich dem weisen Ratschlag meines Verlegers viel zu danken.

Mein Dank gilt auch den verschiedenen Redakteuren und Organisationen, die mir einen Nachdruck der Essays erlaubten, welche zuerst, und zwar oft in einer etwas anderen Form, in ihren Zeitschriften erschienen: Daily Telegraph Magazine, Kapitel 1 und 2; Homes and Gardens, 3; Economist, 4; Lords, 5; Illustrated London News, 6, 9, 10; Think, 12; Rank Xerox Ltd., 13; The Times Business Section, 14. Die drei Graphiken im Kapitel 4 wurden vom Economist nach meinen ursprünglichen Zeichnungen angefertigt und werden hier mit freundlicher Erlaubnis des Herausgebers reproduziert.

Hinzufügen möchte ich meinen persönlichen Dank an jene, die dabei halfen, das Buch druckfertig zu machen, und zwar besonders an Miß Marjorie Caton-Jones, die einen großen Teil der Forschungsarbeit auf sich nahm, und an meine Sekretärin Mrs. Kate Green, die meine Handschrift entzifferte und das Manuskript mit der Maschine abschrieb. Dieses Buch ist Charles gewidmet, weil ich mich auf ihn verlassen kann, wenn ich einen gesunden Streit brauche. Nachdem im Kreise der Familie über einen beliebigen Punkt diskutiert wurde, habe ich stets das beruhigende Gefühl, nun auch den anderen Standpunkt gehört zu haben. Wenn ich ihn dann gehört habe, bin ich natürlich noch zuversichtlicher der Auffassung, daß ich von Anfang an recht hatte.

Mehr als nur danken möchte ich Ann. Es fehlen mir die Worte, um auszudrücken, wie sehr ich in ihrer Schuld stehe. Ihre Partnerschaft war wichtig bei allem, was ich tat, und wird für all das notwendig sein, was ich noch zu erreichen hoffe.

C. Northcote Parkinson

Guernsey
Kanalinseln
Februar 1970

Kapitel 1
Zehn Jahre danach

Parkinsons Gesetz wurde im Jahre 1958 zum ersten Mal in Großbritannien veröffentlicht. Das zentrale Thema seines Schlüsselkapitels lief darauf hinaus, daß sich ein Beamtenapparat nach einer unerbittlichen Wachstumsregel erweitert – und zwar unabhängig von der Arbeit (falls es überhaupt Arbeit gibt), die getan werden muß. Die dort zitierten Beispiele stammten aus dem Marineministerium und dem Kolonialamt, wobei diese beiden Ministerien während einer Periode des augenscheinlichen Niederganges der Marinestärke und der kolonialen Aktivität einen jährlichen Personalzuwachs von 5 bis 6 % aufwiesen. Seitdem sind zehn Jahre vergangen, und man darf mit Recht fragen, wie es damit jetzt aussieht. Dienen die Statistiken des vergangenen Jahrzehnts zur Untermauerung oder zur Unterminierung der eingangs aufgestellten Theorie? Diese Frage läßt sich nicht leicht beantworten, da offizielle Statistiken widersprüchlich, komplex und dunkel sind. Es hat häufige Umorganisierungen gegeben, bei denen Zuständigkeiten und Personal zwischen Kolonial-, Dominion- und Außenamt hin- und hergeschoben wurden. Es gab die Fusion der Streitkräfte und des konsularischen mit dem diplomatischen Korps. Auch ist der Autor selbst nicht ohne Einfluß auf die Situation geblieben. So wie sich die Voraussagen des Karl Marx deshalb zum Teil als falsch erwiesen, weil seine Gegner sein Buch gelesen hatten, so mag es auch gelten, daß *Parkinsons Gesetz* den Haushaltsausschuß beeinflußt hat. Dennoch gibt es trotz aller Verwirrung und trotz der Auswirkungen des Buches Gründe dafür, den Autor als wahren Propheten anzusehen.

Betrachten wir zunächst einmal das Marineministerium als unser erstes und klassisches Beispiel administrativer Wucherung:

	1914	1928	Zuwachs oder Abnahme
Gesamtzahl der in Auftrag gegebenen Schiffe	542	317	—41,51%
Offiziere u. Mannschaften der Royal Navy	125 000	90 700	—27,44%
Werftarbeiter	57 000	62 439	+ 9,54%
Beamte und Büropersonal auf den Werften	3 249	4 558	+40,28%
Beamte und Büropersonal im Marineministerium	4 366	7 729	+77,03%

Später sah die Geschichte bis zur Fusion und dann für das Jahr 1967 so aus:

	1938	1948	1958	1964	1967
Gesamtzahl d. Schiffe	308	413	238	182	114
Offiziere und Mannschaften	89 500	134 400	94 900	84 900	83 900
Werftarbeiter					
Beamte u. Büropersonal auf den Werften	4 423	6 120	6 219	7 395	8 013
Beamte u. Büropersonal im Ministerium	11 270	31 636	32 237	32 035	33 574

Aus dieser Untersuchung läßt sich die Schlußfolgerung ableiten, daß das jährliche Anwachsen des Personals des Marineministeriums (arithmetisch im Vergleich zum Ausgangsjahr berechnet) zwischen 1914 und 1928 jeweils 5,5 % betrug, um dann zwischen 1938 und 1958 eine jährliche Zuwachsrate von 9,3 % zu erreichen. So konnten im Jahre 1914 auf dem Kulminationspunkt eines Wettrüstens 4366 Beamte die damals größte Kriegsmarine der Welt verwalten, während 1967 an einem Punkt der praktischen Machtlosigkeit 33 000 Beamte kaum ausreichen, um die Marine zu verwalten, die wir nicht mehr besitzen. Zwar mögen wir in der Weltpolitik keine nennenswerte Rolle mehr spielen. Immerhin können wir aber in Bath,

Whitehall, Queen Anne's Mansions, Rex House, Kidbrooke, Cricklewood, Harrow und der Charing Cross Road nach wie vor Verwaltungsverbände in Marsch setzen. Für jede in Singapur oder Malta erkennbare Schwäche mögen wir uns mit dem Gedanken trösten, daß unser Stützpunkt Northwood Hill praktisch uneinnehmbar ist. Es wäre übrigens falsch anzunehmen, daß die Marineabteilung des Verteidigungsministeriums etwa in der Zentrale eine Gewohnheit der administrativen Expansion einführte, die den anderen Waffengattungen fremd gewesen wäre. So braucht beispielsweise das Heeresministerium keinen Vergleich mit dem Marineministerium zu scheuen. Im Jahre 1935 reichte ziviles Personal von 9442 Leuten aus, um ein auf 203 361 Offiziere und Mannschaften reduziertes Heer zu verwalten. Damals hatte dieses Heer den Tiefstpunkt mangelnder Vorbereitung auf einen Konflikt erreicht, der zu jener Zeit offensichtlich unvermeidlich war. Schon 1966 war es dann soweit, daß Zivilpersonal in einer Stärke von 48 032 für die Ermutigung von rund 187 100 Männern in Uniform sorgte. Eine Reduzierung der Kampfstärke um 7,9 % ging also Hand in Hand mit einer Erhöhung des Papierkrieges um 408 %. Die Vermutung, daß eine jährliche Erhöhung des Zivilpersonals um 13,16 % für das Heeresministerium normal ist, könnte sich jedoch als voreilig erweisen. Wir müssen uns vielmehr darüber klarwerden, daß die Fusion mit Marine und Luftwaffe den Umfang der Korrespondenz vom ersten Tage an verdreifacht hat und daß ein weiteres Anwachsen wahrscheinlich eher geometrische als bloß arithmetische Ausmaße annehmen wird. Wenn wir somit die Expansionskurve für die Marineabteilung des Verteidigungsministeriums auf einer Graphik einzeichnen, stellen wir fest, daß ihr Zivilpersonal bis 1984* etwa 72 000 Leute betragen sollte – wobei hinzuzufügen wäre, daß es in jenem Jahr natürlich überhaupt keine Marine in irgendeiner Form mehr geben sollte. Im gleichen Jahr sollte die militärische Stärke des gesamten Ministeriums bei etwa 124 000 Mann liegen.

Unser zweites Beispiel für administratives Wachstum stammte aus dem Kolonialamt, wobei folgende Zahlen zitiert wurden.

1935	1939	1943	1947	1954
173	450	817	1139	1661

In den gleichen Jahren sah die gemeinsame Gesamtstärke der Ämter für Kolonialangelegenheiten, die Dominions, Indien und Burma folgendermaßen aus:

1023	1075	1709	2362	2650

Wegen einer Reihe von Umorganisierungen können wir keine neueren Gesamtsummen anführen als die für 1957 (2743) und 1960 (2827). Wir müssen uns jedoch ins Gedächtnis zurückrufen, daß die von diesen Statistiken er-

* Warum 1984? Warum denn nicht?

faßte Periode zwischen 1935 und dem heutigen Tage insofern bemerkenswert ist, als sich in ihr der Zusammenbruch unseres Empires ereignete – ein Zusammenbruch, für den es in der Geschichte kaum eine Parallele gibt. Genauer gesagt, haben folgende Territorien seit 1947 ihre Unabhängigkeit erlangt: Indien, Pakistan, Ceylon, Ghana, Malaysia, Zypern, Nigeria, Sierra Leone, Tansania, Jamaica, Trinidad und Tobago, Uganda, Kenia, Malawi, Malta, Sambia, Gambia, Singapur, Guyana, Botswana, Lesotho und Barbados.

In jedem unabhängig gewordenen Territorium fiel ein Gouverneursposten weg und kam eine Botschaft hinzu. Während wir 1940 nur 16 Botschafter hatten, sind es jetzt über 80, wozu noch die Hochkommissare und die bei NATO, SEATO und UNO akkreditierten Vertreter kommen. Ein Anwachsen der Botschaften um 412,5 % könnte dem Anschein nach ein Anwachsen des Personals im Auswärtigen Dienst um 378,23 % rechtfertigen. Ob diese Zahl das tatsächliche Anwachsen wiedergibt, muß jedoch zweifelhaft bleiben. Es stehen in diesem Fall nämlich vier verschiedene Zahlen zur Verfügung. Eine kommt vom Finanzministerium, eine von der Presseabteilung des Außenministeriums, eine andere von den Zivilisten und die letzte vom Verwaltungsbüro des diplomatischen Dienstes. Von diesen Schätzungen haben wir die erste vorgezogen, die aber von der letztgenannten um rund 7000 abweicht. Ob die in Whitehall beschäftigten Leute jemals tatsächlich gezählt wurden, muß fraglich bleiben, und es ist ebenso schwierig, eine präzise Schätzung des im Ausland örtlich rekrutierten Personals zu bekommen. Soweit man den Zahlen jedoch überhaupt trauen darf, scheint das Außenministerium plus diplomatischer Dienst seit 1940 erheblich verstärkt worden zu sein. Die folgenden Zahlen geben zumindest einen ungefähren Hinweis auf die jüngste Entwicklung:

1935	1940	1945	1950	1955	1960	1965	1967
1 412	2 270	6 806	6 195	5 670	5 992	10 211	10 856

Das für 1965 registrierte plötzliche Anwachsen war nicht etwa auf eine diplomatische Krise zurückzuführen, sondern auf eine Verschmelzung mit dem Commonwealthministerium, das seinerseits von 651 Mann Personal (im Jahre 1935) auf 1729 (im Jahre 1964) angestiegen war. Von solchen Umorganisierungen abgesehen ist die Geschichte der Expansion höchst eindrucksvoll. Wenn mit bloßer zahlenmäßiger Stärke etwas zu schaffen wäre, dann müßte unsere gegenwärtige Repräsentation im Ausland einen fast überwältigenden Einfluß auf die Weltangelegenheiten bedeuten.

Aus den von uns zitierten unterschiedlichen und zweifelhaften Zahlen geht schon hervor, daß Parkinsons Gesetz im vergangenen Jahrzehnt nicht widerlegt worden ist. Ganz besonders gilt dies vielleicht für die Ministerien, auf die der Autor zuerst aufmerksam machte. Mit Sicherheit läßt sich der Trend zur unvermeidlichen Expansion an Hand der britischen Erfahrungen beweisen. Zweifelhafter ist die ursprüngliche Schätzung, daß die jährliche Akkumulation von Friedenspersonal im Durchschnitt bei 5,75 % liegen mag. Diese Vorhersage wurde jedoch – wenn Sie sich erinnern – durch den Hinweis eingeschränkt, daß es »fast täglich neue Entwicklungen« gebe und daß alle Schätzungen als provisorisch anzusehen seien. Wenn man dies zugibt und auch einräumt, daß noch weitere Forschungsarbeit zu leisten ist, dann bleibt dennoch die Tatsache bestehen, daß die erste Schätzung des Autors gar nicht so weit neben dem Ziel lag. Zwar ist die personelle Akkumulationsrate von Ministerium zu Ministerium verschieden. Das durchschnittliche jährliche Anwachsen in fünf von ihnen sieht jedoch so aus, wie wir weiter unten auf einer Tabelle für die Zeit von 1935 bis 1966 zeigen.

Nur ein Teil dieses Anwachsens ist jedoch auf eine tatsächliche Erhöhung des Arbeitsanfalls zurückzuführen. Die Bevölkerung Großbritanniens stieg von 45 598 000 im Jahre 1935 auf 53 266 000 im Jahre 1966. Das würde eine Erhöhung der Verwaltungskosten um 16,8 % rechtfertigen, also eine jährliche Erhöhung um 0,5 %. Die Besteuerung wurde ständig drückender und komplizierter und die bürokratische Einmischung in Handelsangelegenheiten wurde zur Gewohnheit. Wir sind ständig in kleinere Kriege verwickelt, und das finanzielle Problem, dies mit den für den Stimmenfang notwendigen Wohlfahrtsmaßnahmen in Einklang zu bringen, hat dem Beamtenapparat dauernd Schwierigkeiten bereitet.

Ministerium	1935	1966	Jährl. Anwachsen in Prozenten
Innenministerium und Strafvollzug	4 350	16 066	8,68
Steuerbehörde	22 851	59 502	5,17
Heeresministerium	9 442	48 032	13,18
Handelsministerium	4 328	9 598	3,92
Luftwaffenministerium	5 481	24 848	11,39
Durchschnittliches jährliches Anwachsen			8,49

Da sich wegen ihrer Umgehung obskur gewordener Gesetze und Bestimmungen immer mehr Leute im Gefängnis befanden, mußte für das Innenministerium mehr Arbeit anfallen. Auf solche Weise könnte man vielleicht die Hälfte des jährlichen Anwachsens erklären, wobei dann der Rest von 4,34 % auf das Konto der Wirkung von Parkinsons Gesetz ginge. Das bleibt unterhalb der ursprünglichen Schätzung, wobei wir aber bedenken müssen, daß die Ministerien nicht einfach gewachsen sind, sondern sich vielmehr vervielfacht haben. So ist das bescheidene Wachstum des Handelsministeriums auf die Einrichtung der parallelen Ministerien für Verkehr und Technologie zurückzuführen. Wenn man diese Entwicklung berücksichtigt, dann mag sich herausstellen, daß das unvermeidliche Wachstum – von allen Steigerungen der Arbeitsbelastung abgesehen – den ursprünglich geschätzten 5,75 % nahekommt. Es wird jedoch deutlich, daß exakte Zahlen und Prozentsätze fast nicht zu beschaffen sind.

Wie aber sieht es mit der Beamtenschaft in ihrer Gesamtheit aus? Wegen der Umorganisation und der sich verlagernden Kompetenzbereiche treten auch hier wieder statistische Schwierigkeiten auf. Die Grenzen zwischen zentraler und lokaler Regierung verwischen sich, und zwischen öffentlichem Dienst und verstaatlichter Industrie gibt es im Nebel liegende Grenzgebiete. Um die Sache noch mehr zu verdunkeln, gibt es keine unumstößlichen Unterschiede zwischen industriellem und nichtindustriellem Personal. Eine bloße Neueinstufung von Angestellten des Postministeriums führt also schon dazu, daß sich die Summe um Tausende verändert. Innerhalb dieser beweglichen Grenzen jedoch lesen sich die Statistiken – welchen Wert man ihnen auch immer beimessen mag – etwa so:

1935	1940	1945	1950	1955	1960	1965
303 610	454 745	704 646	684 799	635 663	637 374	803 327

Am 1. Januar 1967 lag die Summe schon bei 845 900, was einen durchaus eindrucksvollen Anteil an der gesamten arbeitenden Bevölkerung darstellt. Das entspricht einem Anwachsen um 179 % während der 32 Jahre langen Periode oder einem durchschnittlichen Anwachsen von 5,6 % pro Jahr. Daß der Prozentsatz nicht höher ist, liegt in erster Linie an den bescheideneren Forderungen gewisser Ministerien. Das Arbeitsministerium zum Beispiel ist seit 1935 tatsächlich zurückgegangen und seit 1943 fast halbiert worden, weil ein großer Teil seiner Aufgaben

vom Ministerium für die Sozialversicherung übernommen wurde. Auch das Verkehrsministerium wurde seit 1959 halbiert. Es ist jedoch klar, daß sich eine solche Zurückhaltung hier wie anderswo als Folge des Bekanntwerdens von Parkinsons Gesetz ergeben hat. Tatsächlich wurde die Zahl der Beamten im Jahre 1955 – dem Jahre der ersten Veröffentlichung des Essays – reduziert. Nachdem die Entdeckung in Buchform veröffentlicht wurde, reduzierte sich die Zahl noch einmal. Als sich die ersten Auswirkungen des Buches erschöpft hatten, begann dann zwischen 1960 und 1965 eine neue Expansion, die seitdem ständig angehalten hat.

In dem ursprünglichen Essay (im Jahre 1955) wurde großer Nachdruck auf den rein wissenschaftlichen Charakter der dort wiedergegebenen Entdeckung gelegt. Der Autor ging dabei so weit, daß er bemerkte: »Es ist nicht Sache des Botanikers, das Unkraut zu jäten. Für ihn genügt es, wenn er uns mitteilen kann, wie rasch es wächst.« Gewiß ist es angemessen, die gegenwärtige Untersuchung im gleichen objektiven Geiste zu behandeln. Wir werden daher nicht eine Entscheidung darüber versuchen, ob 845 900 Beamte zu viel oder zu wenig sind. Es läßt sich jedoch rechtfertigen, mittels einer Kurve aufzuzeigen, wohin die gegenwärtige Wachstumsrate führen könnte. Wie lange wird es dauern – so können wir mit Recht fragen –, bis die halbe arbeitende Bevölkerung in der öffentlichen Verwaltung aufgegangen ist? Fragen können wir weiter, bis zu welchem Zeitpunkt es wohl der *ganzen* Bevölkerung so ergangen ist. Hierfür müssen wir die Beschäftigten auf lokaler Ebene ebenso mitzählen wie die auf nationaler Ebene. Zur Zeit sind das insgesamt 1 077 050 öffentlich Bedienstete. Aus Schätzungen ergibt sich, daß die beiden Daten, nach denen wir fragten, in den Jahren 2145 bzw. 2195 liegen. Eine Stellungnahme zu dem neuen Wirtschaftstyp, der eine solche Lebensweise unterstützen wird, ist kein Teil unserer augenblicklichen Zielsetzung. In offiziellen Kreisen gilt es als völlig natürlich und praktikabel, daß Leute ihren Lebensunterhalt mit dem Lesen ihrer gegenseitigen Memoranden verdienen. Es kann keinen Zweifel daran geben, daß die Hauptzüge der neuen Volkswirtschaft vorausgesehen worden sind und daß Planer bereits ihre mannigfachen Implikationen studieren. Es ist jedoch nicht Sache des privaten Staatsbürgers, sich in diese Bereiche der Spekulation vorzuwagen. Es gibt schon große und sich erweiternde Abteilungen, die sich der Detailplanung für das Utopia widmen, das auf uns zukommt. Man überläßt die ganze Angelegenheit daher am besten den Experten.

Eine zentrale Position in unserem Verwaltungssystem und einen Platz an der Spitze des Marsches zum Fortschritt nimmt natürlich das Finanzministerium ein. Das Finanzministerium wacht über die ganze Struktur und sorgt dafür, daß nichts ausgegeben wird, was eingespart werden könnte, und daß niemand beschäftigt wird, dessen Dienste nicht unbedingt erforderlich sind. Einige Bemerkungen zum Finanzministerium sind daher unvermeidlich und um so notwendiger, als unsere Vorstellungen über diese Institution wahrscheinlich falsch sind. Wir meinen, das Finanzministerium beherberge eine kleine Gruppe von hingebungsvollen und hochgelehrten Spitzenbeamten, die allesamt in exklusiven Privatschulen erzogen wurden und von denen einige auf einen Dienst in militärischen Eliteeinheiten zurückblicken können. Es sind – wie wir uns ausmalen – Männer mit humanistischer Bildung, die ihre Aktennotizen nach Buchstaben des griechischen Alphabets unterteilen. Ihren Lunch nehmen sie im vornehmen Reform-Club ein, und das notorisch schwierige Kreuzworträtsel in der »Times« schaffen sie in ein paar Sekunden. Abends lauschen sie klassischer Musik, das Wochenende verbringen sie zu Hause im Londoner Villenvorort Hampstead. Wir neigen zu der Ansicht, daß sie gleichzeitig mächtig und unauffällig sind. Wir wissen, daß es angeblich ungefähr 200 von ihnen gibt, und haben in unserer Eigenschaft als Steuerzahler vielleicht das Gefühl, daß nie zuvor in der Geschichte der räuberischen Erpressung des Menschen durch den Menschen so viele Leute so wenigen Leuten so viel geschuldet haben. Diese unsere vorgefaßten Meinungen basieren jedoch weitgehend auf faktischen Irrtümern, und einer dieser Irrtümer betrifft die zahlenmäßige Stärke des Personals des Finanzministeriums. Zwar mag dieses zentrale Ministerium verglichen mit anderen klein sein. Was das Tempo seines Wachstums angeht, wird es jedoch nur von wenigen übertroffen. Die folgenden Zahlen mögen ausreichen, um diese Behauptung zu beweisen:

1935	1956	1966	Zuwachs
309	1 249	1 639	430,42 % oder 13,88 % pro Jahr

Von den alteingesessenen Ministerien, deren Funktionen sich nicht radikal verändert haben, kann nur eines, nämlich das Heeresministerium (mit einem Zuwachs von 13,18 % im Jahr), auf ungefähr vergleichbaren Fortschritt verweisen. Von diesem Standpunkt aus hat die Expansion etwa des Ministeriums für Technologie keine statistische Bedeutung, da es dabei um nicht mehr geht als um den Prozeß, dem es sein Leben verdankt. Wenn wir derart junge Entwicklungen außer acht lassen – und das sollten wir gewiß –, dann müssen wir zu dem Schluß gelangen, daß das Finanzministerium führend ist. Wenn wir uns darüber hinaus klarmachen, daß es ein paralleles Wachstum anderer mit Finanzangelegenheiten beschäftigten Ämter gab, vom Wirtschaftsministerium bis zur verstaatlichten Bank von England, dann könnten wir uns dazu berechtigt fühlen, sie alle zusammenzuzählen. Bei einer solchen Rechnung würde das Finanzministerium ganz weit vorne liegen, einsame Spitzenklasse. Dem Finanzministerium ist es nicht gelungen, die Zahlen des Beamtenapparats niedrig zu halten, und es hat durch sein eigenes Beispiel Wucherungen noch ermutigt. Zugeben muß man aber, daß das Ministerium etwas getan hat, um die steigenden Kosten zu begrenzen. Die Tatsache, daß die höchsten Beamten annähernd vergleichbare Gehälter zu denen der Männer in ähnlichen Positionen in der Industrie gefordert und auch bekommen haben, darf uns nicht blind gegenüber der Tatsache machen, daß ihre Untergebenen eher unter- als überbezahlt sind. Es ist richtig, daß die Gesamtzahlungen für Gehälter von 298 Millionen Pfund im Jahre 1951 auf 773 Millionen Pfund im Jahre 1965 angestiegen sind. Man kann jedoch argumentieren, daß die Erhöhung für den einzelnen kaum mit dem schwindenden Wert der Währung Schritt gehalten hat. Entspricht das Durchschnittsgehalt pro Kopf im Jahre 1951 (440 Pfund) in seiner Kaufkraft auf gerechte Weise dem Durchschnittsgehalt des Jahres 1965? Dies belief sich auf 1057 Pfund und machte den Empfänger, immer im Durchschnitt gesehen, zu einem keineswegs reichen Mann. Jeder beliebige Industrieberater könnte der Auffassung sein, daß mit einem doppelten Gehalt für ein Viertel der Beschäftigten nützlichere Arbeit erzielt werden würde. Das geht uns jedoch im Augenblick nichts an. Wir haben vielmehr lediglich zu registrieren, daß das Finanzministerium zwar elend dabei versagt hat, sein zahlenmäßiges Wachstum zu zügeln, daß es aber einen bescheidenen Erfolg bei der Begrenzung der Kosten für sich in Anspruch nehmen kann.

Was sollen wir also von der ursprünglichen Prophezeiung halten? Beamte vermehren sich tatsächlich aufgrund eines Gesetzes, das die Expansion ihrer Abteilung bestimmt. Der Arbeitsanfall wird tatsächlich in einem Maße größer, das die verfügbare Zeit ausfüllt. Auch beweist die Tatsache, daß Leute zu tun haben, in keiner

Weise, daß es etwas Nützliches für sie zu tun gibt. Wir haben jedoch keine statistischen Beweise für die Theorie, daß die normale Rate der Personal-Akkumulation bei fünf bis sechs Prozent im Jahr liegt. Es ist nicht weit gefehlt, aber die Abweichungen von dieser Norm sind ebenso häufig wie unberechenbar. Bei den frühen Volkswirtschaftlern war es Mode, zu erklären, was unter bestimmten Umständen passieren würde: Eine Preissteigerung als Folge einer Verknappung, eine Senkung der Löhne als Folge einer Stagnationsperiode. All diese Regeln galten nur für einen freien Markt, unbeeinflußt durch Regierungsmaßnahmen oder Kombinationen zur Beschränkung des Handels. Frei mußte der Markt auch von Unruhen im Lande oder Kriegen sein. Im 20. Jahrhundert existierten die richtigen Umstände niemals. In einem gewissen Sinne hat Parkinsons Gesetz (oder vielmehr sein erstes Gesetz) das gleiche Schicksal erlitten. Der Autor postulierte (und zwar ganz und gar versuchsweise) eine gewisse Rate der administrativen Expansion in Friedenszeiten. Er ging dabei von der Abwesenheit finanzieller Krisen oder innerer Revolutionen aus. Es ist jedoch fraglich, ob diese Bedingungen in den zehn Jahren geherrscht haben, mit denen wir uns beschäftigen, und ob es wahrscheinlich ist, daß sie in den zehn Jahren herrschen werden, die vor uns liegen. Unser Zeitalter eignet sich nicht für die Anwendung sehr präziser Regeln – und schon gar nicht, wenn die Regeln selbst allgemein bekanntgeworden sind. Der Autor scheiterte daran, daß er es versäumte, die Auswirkungen zu berücksichtigen, welche die Theorie tatsächlich haben sollte. Auch wenn man jedoch einräumt, daß das Bild in Whitehall unter anderem durch diesen Faktor verwirrt wird, dann bleibt dennoch die Grundtatsache bestehen, daß London (wie Wien) jetzt die unverhältnismäßig große Hauptstadt eines Empires ist, das aufgehört hat zu existieren. Die Regierungszentrale war niemals als administrativer Mittelpunkt der Britischen Inseln angelegt, sondern als Zentrum eines Spinnennetzes, das die halbe Welt zu bedecken pflegte. Nachdem diese weitergehende Funktion nicht mehr besteht, ist das Whitehall von heute nicht bloß schwerfällig, sondern lächerlich. Eine Reform mag unmöglich sein, aber wir haben noch immer (bis jetzt jedenfalls) das Recht, darüber zu lachen.

Kapitel 2
Der Parkinsonpreis

Das zentrale Problem unserer Zeit – von dem unsere anderen Schwierigkeiten meistens herrühren – wird durch die Stagnation der politischen Theorie in einem Zeitalter des technologischen Fortschritts erzeugt. Eine äußerst verfeinerte Maschinerie wird somit in die Hände von Politikern gegeben, deren Ideen noch aus der Zeit der Postkutsche stammen. Zufrieden streiten sie sich über das Für und Wider von Demokratie und Diktatur, ohne sich die geringste Mühe zu geben, die Fakten zu ermitteln, auf denen sich ihre (oder jede andere) Argumentation stützen könnte. Mit anderen Worten: die Anwendung wissenschaftlicher Methoden auf politische Probleme hat noch kaum begonnen. Wenn mit einem solchen Versuch begonnen wird, ist die erste Fragestellung noch dazu so, daß es keine Antwort darauf geben kann. »Was«, so fragen die Leute, »ist die beste Form der Herrschaft?« Für wen aber, und wo, und wann? Schließlich ist es ja nicht wahrscheinlich, daß die gleiche Lösung für ein Dutzend unterschiedlicher Probleme zutrifft. Ebenso unwahrscheinlich wäre es im übrigen, daß die richtige Antwort auch in zehn Jahren noch korrekt wäre. Hoffnungsvoller wäre zunächst einmal die Frage, welches Land heute am besten verwaltet wird; und selbst diese Frage läßt sich schwerer beantworten, als wir auf den ersten Blick annehmen mögen. Für eine gründliche Untersuchung müßten große Mittel an Geld, Qualifikationen und Zeit zur Verfügung stehen. Selbst eine auf einer oberflächlicheren Untersuchung basierende versuchsweise Lösung könnte jedoch einen gewissen Wert haben, weil sie den Fakten einen winzigen Stützpunkt im Morast der Fehlinformationen, Vorurteile, über den Daumen gepeilten Schätzungen und leeren Redensarten verschaffen könnte. Zugunsten des folgenden Versuches läßt sich bestenfalls sagen, daß der Autor sich bemüht hat, unparteiisch zu sein, jede vorgefaßte Meinung abzuschütteln und sich nur mit beweisbaren Fakten abzugeben.

Wenn wir jenem Land einen Preis verleihen sollten, das am besten regiert wird, dann würden wir am Beginn feststellen, daß unser Untersuchungsgebiet in zweierlei Hinsicht begrenzt ist. Auslassen bei unseren vergleichenden Tabellen müssen wir einige (nicht alle) der sozialistischen Länder jenseits dessen, was man den Eisernen und den Bambusvorhang nennt – und zwar nicht, weil wir an ihrer Leistungsfähigkeit zweifeln, sondern weil ihre relevanten Statistiken entweder nicht zu beschaffen sind oder in einer Form präsentiert werden, die einen Vergleich schwierig oder unmöglich macht. Zweitens müssen wir einige Länder ausschließen, die nach Bevölkerungszahlen und Flächen zu klein sind. Wir geben freimütig zu, daß sie auf bewundernswerte Weise regiert sein mögen, müssen ihre Existenz aber unter entschuldigenden Worten ignorieren. Falls wir nämlich nach sorgfältigem Studium zu der Schlußfolgerung gelangen sollten, daß die fähigsten Administratoren der Welt in Monaco, Andorra, den Seychellen und Sark zu finden sind, dann würden unsere Ermittlungen für die Leute in Australien, Großbritannien, Frankreich oder den USA keinen großen Wert haben. Letztere würden – und zwar mit einigem Recht – einwenden, daß die Probleme, mit denen es eine kleine Gemeinschaft zu tun hat, qualitativ anders sind als jene, von denen die Verwaltung einer Nation oder eines Kontinents umgeben ist. Eine vergleichende Studie muß sich auf Einheiten beschränken, die zumindest annähernd in ihrer Größe vergleichbar sind.

Nachdem wir die Länderliste derart beschränkt haben, können wir den Rest einer ersten und sich aufdrängenden Probe unterziehen – dem Überlebenstest. Wenn die Sterblichkeitsziffern so hoch liegen, daß Vergeudung und Elend daraus resultieren müssen, die Geburtszahlen so hoch, daß die Bevölkerung tendenziell nicht mehr vom Lande ernährt werden kann, wenn schließlich die durchschnittliche Lebenserwartung so niedrig ist, daß die Zivilisation darunter leiden muß, dann kann das jeweilige Land nicht auf die Liste der Fähigen gesetzt werden. Dabei sollte jedoch klar sein, daß dieser Ausschluß gleich zu Beginn nicht (jedenfalls nicht unbedingt) einem Urteil über die gegenwärtigen Herrscher eines solchen Landes gleichkommt. Sie haben vielleicht von einer unendlich schwachen Position aus angefangen, haben möglicherweise Wunder gewirkt und könnten sich eines Tages sogar an der Spitze des Fortschritts befinden. Dennoch bleibt die Tatsache bestehen, daß ihr gegenwärtiger Leistungsstand niedrig ist. Zu den Ländern mit einer zu hohen Sterblichkeitsquote zählen Ghana (24,0 pro 1000), Kenia (20,0), Pakistan (15,4) und Südwestafrika (15,2). Wegen übermäßigen Bevölkerungszuwachses – wobei wir Länder ausnahmen, deren Zuwachs auf Einwanderer zurückzuführen ist – eliminierten wir unter anderen Ekuador, Fidschi, Hongkong, Irak, Jordanien, Kolumbien, Libyen, Malaysia, Malta, die Philippinen und Venezuela. Zu den Ländern mit absurd hohen Geburtszahlen – was zugegebenermaßen durch hohe Sterblichkeitsquoten ausgeglichen wird – müssen Ceylon, Chile, El Salvador, Mexiko, Nicaragua und Panama gerechnet werden. Länder, wo die Menschen eine Lebenserwartung von weniger als 55 Jahren haben, sind – neben einigen der bereits erwähnten – Bolivien, Brasilien, Burma, Haiti, Indien und Peru. Es bleiben 35 Länder übrig. Aus einigen dieser Länder scheinen die Einwohner aber in ungewöhnlich hoher Zahl auszuwandern. Diese Zahlen mögen – wie im Falle Japans und Westdeutschlands – Raummangel widerspiegeln. In anderen Fällen aber scheinen sie doch wohl Langeweile oder Unzufriedenheit zu verraten, wie etwa in Argentinien, Australien, Neuseeland und Spanien. Durch einen abschließenden Test in der Eröffnungsrunde kommen wir noch zu der Schlußfolgerung, daß die jährlichen Selbstmordziffern in Dänemark, Österreich, der Tschechoslowakei und Ungarn (alle über 20 pro 100 000) exzessiv und bedeutsam sind. Die folgenden Länder bleiben uns also noch:

Belgien	Kanada
Westdeutschland	Luxemburg
Finnland	Niederlande
Frankreich	Norwegen
Griechenland	Portugal
Großbritannien	Schweden
Jugoslawien	Schweiz
Irland	Südafrika
Israel	Vereinigte Staaten

Alle diese relativ fortgeschrittenen Länder verfügen über beträchtlichen Wohlstand und bieten eine angemessene Lebenserwartung. In allen gibt es jedoch Verkehrsgefahren, welche eine tüchtige Regierung herabmindern würde. In dieser Hinsicht kann man die USA mit ihrer hohen Zahl von Fahrzeugen pro Kopf der Bevölkerung als Ausnahmefall betrachten. Mit einem Fahrzeug für jeweils 2,2 Personen (1964) ist das amerikanische Verkehrsproblem qualitativ anders als etwa das Großbritanniens mit 5,2 Personen pro Fahrzeug oder Israels mit 21. Die amerikanische Zahl von 20,8 Unfallopfern pro 1000 Fahrzeuge ist daher strenggenommen nicht vergleichbar mit den Statistiken anderer Länder. Wo die Verkehrsdichte jedoch nicht übermäßig groß ist und wo die Jahresquote von tödlichen oder schweren Unfällen höher ist als 15 pro 1000

Fahrzeuge oder 30 pro 10 000 Einwohner, können wir mit Recht zu dem Schluß kommen, daß mehr hätte getan werden müssen, um die Sicherheit auf den Straßen zu erhöhen. Durch eine Anwendung dieses Tests müssen wir Luxemburg (mit 35,3 Toten oder Verletzten pro 10 000), Jugoslawien (mit 32,2 pro 1000 Fahrzeugen), die Schweiz (mit 26,3 pro 10 000 Einwohner) und Portugal (mit 17,2 pro 1000 Fahrzeuge) von der Liste streichen. Unter dieser Kategorie könnten wir anmerken, daß Schweden von den Ländern, für die Statistiken zur Verfügung stehen, am meisten Wert auf seine Sicherheit legt. Das scheint selbst nach der unnatürlichen und undemokratischen Entscheidung der Schweden, auf der rechten Straßenseite zu fahren, so zu bleiben. Ein Vergleich der Statistiken über die Sicherheit bei Flugreisen könnte ebenso bedeutsam sein. Es ist in der Praxis aber schwierig zu entscheiden, was die Zahlen eigentlich bedeuten. Wenn ein (in den USA hergestelltes) norwegisches Düsenverkehrsflugzeug über einem belgischen Flugplatz abstürzt, dann könnte das Unglück auf einen Irrtum des Piloten oder aber auf einen Fehler im Kontrollturm zurückzuführen sein. Buchen wir die Opfer auf das Konto Norwegens, Belgiens oder der USA? Lag das Mißgeschick an dem Versagen eines Motors oder an einem Loch in der Landebahn? Ist es im übrigen überhaupt fair, die Sicherheitsleistung von über Europa operierenden Fluglinien mit denen von Gesellschaften zu vergleichen, die über Dschungel oder Wüsten fliegen? Mindestens zu Beginn tun wir gut daran, Statistiken zu ignorieren, die sich der Analyse entziehen.

Bisher hatten wir es hauptsächlich mit den elementaren Fakten des Überlebens und der Sicherheit zu tun. Theoretisch sollten Erwägungen der Landesverteidigung hier mitspielen. Es ist aber fast unmöglich, die diesbezüglichen Bedürfnisse der Länder einzuschätzen. Daher ist die nächste logische Basis zum Anstellen von Vergleichen im allgemeinen Verhältnis zwischen Anstrengungen und Resultaten zu suchen. Wenn man ein angemessenes Niveau der Fähigkeit und der Wohlfahrt als selbstverständlich voraussetzt, dann ist es offenkundig, daß einige Länder für ihre Verwaltung einen zu hohen Preis zahlen. Um diese Länder identifizieren zu können, haben wir das Steuerniveau in jedem einzelnen plus die Kosten der Sozialversicherungsbeiträge prozentual zum Bruttosozialprodukt berechnet. Unsere vorläufige Schlußfolgerung dabei ist, daß eine Regierung, die mehr als 40% des Bruttosozialproduktes einstreicht, zuviel für das fordert, was sie zu geben hat. Man könnte weiter argumentieren, daß die kostspieligen Verwaltungen nicht notwendigerweise jene sind, die am meisten an Wohlfahrt bieten. Niemand würde behaupten wollen, daß die am härtesten besteuerten Länder im allgemeinen leistungsschwach sind. Dennoch bleibt die Tasache bestehen, daß manche andere Regierungen ebensoviel bieten können, obwohl sie weniger fordern. Auf der Grundlage dieser Argumentation können wir (nach den Zahlen für 1966) folgende Länder eliminieren, in denen die Verwaltungen zu teuer zu sein scheinen:

Schweden	46,9%
Frankreich	44,8%

Westdeutschland	40,2%
Norwegen	40,1%

Die Niederlande werden mit 39,5 % nur knapp vor der Eliminierung bewahrt, und man könnte der Ansicht sein, daß Westdeutschland und Norwegen Pech hatten, weil sie mit einer so geringen Marge ausfielen. Großbritannien ist mit seinen 36,2% jedoch noch im Rennen. Die Länder auf unserer Liste sind jetzt noch:

Belgien	Israel
Finnland	Kanada
Griechenland	Niederlande
Großbritannien	Südafrika
Irland	Vereinigte Staaten

Nun müssen wir den Bildungstest anwenden. Großbritannien und Irland behaupten, daß 100 % ihrer Staatsbürger lesen und schreiben können, womit sie zweifellos meinen, daß alle zur Schule gegangen sind. Zwar können wir diese Behauptung zurückweisen und die kanadischen Angaben (98,7) als realistischer und die amerikanischen Angaben (97,6) als wahrscheinlich korrekt betrachten. Wir müssen aber davon ausgehen, daß die Länder mit einer Quote von weniger als 95 % einen nicht akzeptablen Bildungsstandard haben. Auf dieser Basis müssen wir Israel (mit 88 %), Griechenland (mit 82,3) und Südafrika (mit 100 % für Europäer, aber nur 85 % für Afrikaner) ausschließen. Wir hätten hier auch einige andere Länder, wie Portugal (90 %) ausschließen müssen, wenn sie nicht bereits aus anderen Gründen ausgeschlossen worden wären.

Es ist logisch, sich jetzt der Frage der Verbrechen und ihrer Bestrafung zuzuwenden. Eingangs können wir mit Recht annehmen, daß die hervorragend leistungsfähigen Länder solche sind, in denen sich die Ordnung leichter aufrechterhalten läßt. Die für Vergleichszwecke grundlegende Zahl ist die Anzahl von Verbrechen pro Jahr und je 10 000 Einwohnern. Die der Polizei bekannt gewordene Zahl der strafbaren Delikte in Großbritannien für das Jahr 1967 (1 207 354 oder 2,222 pro 100 000 Einwohner) ist ganz erheblich zu hoch. Das mag aber zum Teil daran liegen, daß es zu wenig Polizisten gibt. Bei nur einem Polizisten für 554 Menschen können die Briten mit einigem Recht mehr Verbrechen erwarten als die Iren, bei denen auf je 441 Menschen ein Polizeibeamter kommt. Kanada, wo es für jeweils 662 Einwohner einen Polizisten gibt, hat aber einen Verbrechensindex von 4,1834 – fast doppelt so hoch wie in Großbritannien und mehr als dreimal so hoch wie in den Niederlanden, wo die Stärke der Polizei nur eins zu 836 ist. Die »Mounties«, die berittene Polizei Kanadas, haben einen wohlverdienten Ruf dafür, daß sie die gesuchten Verbrecher zur Strecke bringen. Dennoch bleibt die Tatsache bestehen, daß sie dies allzu häufig tun müssen. Kanada fällt also im Halbfinale aus, und wir sehen uns jetzt einmal die Häftlingszahlen in jedem der Länder an, die noch auf unserer Liste stehen. Für noch vertretbar könnte man es halten, wenn an einem durchschnittlichen Tage eine Person von 500 im Gefängnis sitzt – obwohl im Jahre 1967 in Irland nur ein Gefängnisinsasse auf 3641 Einwohner kam – aber die amerikanische Zahl von eins zu 488 ist einfach zu hoch. Selbst sie ist wiederum noch besser als die von Belgien, dessen Jahresendzahl (für 1965) bei eins zu 364 lag. Die Halbfinalisten sind daher:

Finnland	Irland
Großbritannien	Niederlande

Alle diese Länder haben ein hohes Niveau der administrativen Fähigkeit, und es wäre angemessen, sie alle einem zusätzlichen Test der Bemühungen um Sparsamkeit zu unterziehen. Welches Verhältnis zwischen Verwaltungspersonal und arbeitender Bevölkerung war erforderlich, um die geordnete und vernünftige Gesellschaft zu produzieren, die jedes dieser Länder haben muß? Unglücklicherweise gibt es hier Definitionsschwierigkeiten, aber das Verhältnis – Gemeindepersonal nicht eingerechnet – ähnelt sich in jedem der Fälle sehr: eins zu 31 (Großbritannien), eins zu 33 (Irland), eins zu 34 (Finnland) und eins zu 34 (Niederlande). Verglichen mit den anderen kommt Großbritannien hier schlechter weg, doch ist die Marge gering, und es wäre fairer, einen anderen und entscheidenderen Test anzuwenden. Für eine wie hohe Zahl von Arbeitern ging ein Tag im Jahr als Folge von Arbeitskonflikten verloren? Um den Wettbewerb doppelt fair zu machen, haben wir eine Zehnjahresperiode zugrunde gelegt und den Durchschnitt ermittelt. Die daraus resultierenden Zahlen sehen so aus:

Niederlande	58
Finnland	8
Großbritannien	6
Irland	3

Falls der abschließende Wettbewerb zu einem knapperen Resultat geführt hätte, dann hätten wir noch einen weiteren Test angestellt: die Anzahl der psychiatrischen Patienten pro 1000 Einwohnern. Dies gibt einen fairen Überblick über den seelischen Streß und die Häufigkeit der Neurosen. Dabei wäre Irland ebenfalls eliminiert worden, wo die Zahl 7,3 betragen hätte, verglichen mit 4,6 in Großbritannien, 3,6 in Finnland und 2,3 in den Niederlanden. Auch wenn wir noch die Arbeitslosenziffern für 1967 hinzugezogen hätten, wären unsere Schlußfolgerungen bestärkt worden. Hier haben die Niederlande die niedrigste Zahl (1,7 %), gefolgt von Finnland und Großbritannien (2,1 %) und Irland (5,9 %). Das Resultat des Wettbewerbs ist also ein Sieg für die Niederlande mit einem sehr achtbaren zweiten Platz für Finnland.

Auf der Grundlage dieser Berechnungen erhält die niederländische Regierung den Parkinsonpreis, und Finnland wird lobend erwähnt. Im Rahmen der Begrenzungen dieser Untersuchung kann kein Zweifel daran herrschen, daß im wesentlichen gerecht verfahren wurde. Bei der Veröffentlichung dieser Resultate muß der Autor sie jedoch in dreierlei Hinsicht einschränken. Zunächst einmal sind die Vergleichsgrundlagen nicht unbedingt ideal. Wir bedienten uns Statistiken, die in genügend ähnlicher Form zur

Verfügung standen und aus diesem Grunde ausgewählt wurden. Man könnte die Leistungsfähigkeit mit einer Reihe von anderen Methoden messen – vorausgesetzt, man beschäftigt eine ausreichende Forschungsmannschaft für einen ausreichenden Zeitraum. Immer wieder taucht die Schwierigkeit der Definition auf. Wie definiert man einen Polizisten für statistische Zwecke und wie einen psychiatrischen Patienten? In einem Lande fallen Gefängniswärter vielleicht unter die Rubrik der Polizisten, und in einem anderen Lande werden vielleicht alle Leute, die schon einmal wegen psychischer Beschwerden behandelt wurden, zu den Irrsinnigen gezählt. Zu jedem absolut genauen Vergleich würde daher ein großes Team Jahre der Forschung und Analyse benötigen. Mit einer gewissen wissenschaftlichen Endgültigkeit könnte man in diesem Stadium daher nur behaupten, daß nationale Leistungsfähigkeit gemessen werden *kann.* Klar ist darüber hinaus, daß das Beispiel der Leistungsfähigeren von den anderen mit Nutzen studiert werden könnte. Falls unsere Staatsmänner etwa argumentieren möchten, daß Demokratien tüchtiger sind als beispielsweise Diktaturen, dann müssen sie irgendwelche Beweise dafür vorlegen. Die bloße Erklärung, welche Regierungsform man selbst vorzieht, reicht nicht aus. Wir müssen eine akzeptable Vergleichsbasis ausarbeiten, entwickeln und verbessern, die in der ganzen Welt bekannt und respektiert wird. Nach nur einigen Monaten der Bemühung würde der Autor niemals über den Anspruch hinausgehen, bewiesen zu haben, daß dies möglich ist, und vorzuschlagen, daß es geschehen sollte.

Zweitens gibt es einen bedeutsamen Kontrast zwischen der Größe von vielen der Länder auf unserer Liste. Die Niederlande haben eine Bevölkerung von nur zwölfeinhalb Millionen, Finnland eine Bevölkerung von weniger als fünf. Also kann man das eine Land mit Pennsylvania und das andere mit Missouri vergleichen. Es mag Gründe für den Verdacht geben, daß Einheiten dieser Größe von Natur aus leistungsfähiger sind, was schon eine nützliche Schlußfolgerung wäre. Auch ist es möglich, daß einige Staaten in den USA sich als tüchtiger erweisen könnten als andere und als weitaus tüchtiger als die Union in ihrer Gesamtheit. Zwar kann es keinen exakten Vergleich zwischen Staaten geben, die völlig unabhängig sind, und anderen, die Teil einer Föderation bilden. Dennoch bleibt die Tatsache bestehen, daß letztere über ein lokales Leistungsniveau verfügen mögen, das sie in mancher Hinsicht über das nationale Niveau hinausheben könnte. Tasmania und Utah verdienen also vielleicht mehr Aufmerksamkeit, als der Autor ihnen bisher zubilligen konnte. Im Zusammenhang mit dieser Frage des Ausmaßes sollte man an dieser Stelle zur Kenntnis nehmen, daß die Niederlande – kleiner als der Staat New York – stets eine Föderation und nicht einen Einheitsstaat gebildet haben und daß sie noch immer eine Art Monarchie sind.

Drittens müssen wir bedenken, daß Tüchtigkeit nicht die einzige Tugend ist, die ein Volk für sich in Anspruch nehmen kann. Da uns nichts Gegenteiliges bekannt ist, zeichnen sich Länder, in denen die Hygiene schlecht und die Pünktlichkeit unbekannt ist, vielleicht auf andere

Weise aus. Großartige Kunst oder Musik mag unter einer vertrottelten Verwaltung aufblühen, und es kann sich herausstellen, daß äußerst analphabetische Leute sportlich, fromm und tapfer sind. Man könnte die Auffassung vertreten, daß es für einen Ort genügt, den heiligen Franziskus oder Beethoven hervorgebracht zu haben, ohne auch noch ein perfektes Kanalisationssystem zu installieren. Wenn wir im Augenblick den größten Wert auf Tüchtigkeit legen, dann liegt dies daran, daß diese langweilige Tugend wenigstens annähernd meßbar ist. Andere Qualitäten, die an sich wertvoller sein mögen, sind weitgehend Ansichtssache. Wer zum Beispiel könnte versuchen, den Standard der Gelehrsamkeit einzuschätzen? Nobelpreise kann man zwar zählen, aber wer könnte sagen, was sie eigentlich bedeuten? Die Anzahl der Studenten in Instituten der höheren Bildung mag sich ermitteln lassen, aber was könnten die Zahlen beweisen? Der Standard für ein Diplom an der Universität Z entspricht vielleicht dem Standard für die Zulassung an der Universität A. Auch sind wir keineswegs sicher, daß der Diplomingenieur besser ausgebildet ist als der Lehrling. Es gibt alle möglichen Eigenschaften, die Leute besitzen mögen. Sie werden nicht dadurch weniger real, daß sie sich nicht statistisch nachweisen lassen. Nach unserer geringen Kenntnis sind Länder, die in den frühen Stadien des Wettbewerbs eliminiert wurden, vielleicht in anderer Hinsicht süperb. Der Autor hat nicht die Absicht zu behaupten, daß Leistungsfähigkeit alles sei.

Nachdem wir den Verlierern so viele Konzessionen gemacht haben, müssen wir dennoch mit einem letzten Wort des Glückwunsches für die Völker schließen, die gesiegt haben. Es hätte unser Schicksal sein können, die Auszeichnung an Völker zu verleihen, die nur für ihre Ehrlichkeit und ihren Fleiß bekannt sind, oder an Leute, denen jede andere Art der Leistung abgeht. Die Holländer haben jedoch mehr aufzuweisen als eine vernünftige Administration. Ihr Land ist das Land von Vermeer und Rembrandt, Tromp und de Ruyter, Grotius und Descartes. Ihren Beitrag haben sie in Architektur und Malerei, auf den Gebieten der Erfindungen und des Krieges geleistet. Verglichen zur Zahl ihrer Bevölkerung haben sie wohl soviel Talent hervorgebracht wie nur irgendein Volk in modernen Zeiten. Wenn sie sich eine geordnete Gesellschaft und eine gesunde Wirtschaft gegeben haben, dann liegt dies nicht daran, daß sie vom Anfang an mit materiellen Resourcen und unbezwingbaren Grenzen gesegnet waren. Einen großen Teil ihres Landes haben sie dem Meer abgerungen, den größten Teil ihres Handels haben sie Nachbarn abgenommen, und ihre gesamte Industrie haben sie selbst geschaffen. Es braucht niemanden zu überraschen, daß sie tüchtig sind. In ihrer Situation hätte nämlich kein untüchtiges Volk überleben können. Was Finnland – das Land von Sibelius – angeht, das den zweiten Platz errang, so kann dieses Land zumindest auf eine vergleichbare Leistung bei seinem Überleben verweisen. Daß ein Volk direkt an der Türschwelle des zaristischen und sowjetischen Rußland seine Unabhängigkeit wahrte, ist ein Meisterstück nicht nur des Mutes, sondern auch der Tüchtigkeit. Ohne ihre Leistungsfähigkeit könnten sie nicht dort sein, wo sie sind, und noch dazu so furchtlos bleiben. Im gleichen Maße haben Holländer und Finnen also besondere Probleme, die sie mit Entschlossenheit bewältigt haben. Vielleicht sollten wir daraus die Schlußfolgerung ziehen, daß die höchste Leistungsfähigkeit charakteristisch für Leute ist, die stets von Gefahren umgeben sind.

Kapitel 3
Meisterschaft beim Schwarzen Peter

Von einem der letzten Präsidenten der Vereinigten Staaten heißt es, er habe seinen Schreibtisch mit einem eingerahmten Schild geziert, auf dem zu lesen war: *»Hier landet der Schwarze Peter.«* Diese verantwortungsbewußte Haltung wurde zweifellos allgemein bewundert, ohne daß aber jeder die Herkunft des Ausdruckes kennt. Dem Lexikon zufolge ist der Schwarze Peter eine Karte in einem Spiel mit beliebig vielen Teilnehmern, wobei die Teilnehmer der Reihe nach Karten aus dem verdeckten Blatt ihres Nachbarn ziehen und zusammengehörige Karten abwerfen. Am Ende des Spiels sind alle Teilnehmer ihre ganzen Karten losgeworden – bis auf den Unglücklichen, der den Schwarzen Peter in der Hand behält und niemanden hat, an den er ihn weitergeben kann. Einigen wir uns darauf, daß es im übertragenen Sinne bedeutet, die Verantwortung von einer zur anderen Person weiterzugeben und damit auch die später eventuell fälligen Vorwürfe, wenn falsche Antworten gegeben wurden. In unserer überorganisierten Welt ist dies natürlich ein gängiger Brauch.

In jeder beliebigen großen Organisation der Geschäftswelt oder des öffentlichen Lebens kann der Schwarze Peter in drei Richtungen weitergegeben werden: 1. nach unten, 2. zur Seite und 3. nach oben. Beim Schwarzen-Peter-Spiel unterstützt der Manager seine Aktion durch ein Telefongespräch, wobei er seine Worte jeweils etwa so wählt:

1. »Sind Sie das, Underleigh? Schwarzpeter hier. Ich schicke die Akte über das von Morgan Merlin ausgearbeitete Gefahrenprojekt an Sie zurück. Ich bin der Ansicht, daß Sie sich mit dieser Sache befassen sollten. Ich will damit nicht sagen, daß es falsch von Ihnen war, die Angelegenheit zunächst weiterzugeben. Ich weiß aber, daß der Chef es gern hat, wenn auf allen Ebenen Initiative an den Tag gelegt wird. Treffen Sie also die Entscheidung selbst, und teilen Sie mir dann mit, was Sie gemacht haben. Ich verlasse mich da ganz auf Ihr Urteil.«

2. »Sind Sie das, Longstop? Hier Brian Schwarzpeter. Ich schicke Ihnen die Akte über die Angelegenheit Morgan Merlin. Sie ist aus Versehen in meinem Büro gelandet. Wenn Sie einen Blick darauf werfen, werden Sie sehen, daß unsere Abteilung nichts damit zu tun hat. Die Fragen, um die es darin geht, sind technischer und juristischer, nicht aber administrativer Art. Wir legen immer großen Wert darauf, nicht in Ihrem Revier zu wildern, und diese Angelegenheit sollte man am besten den Experten überlassen. Es ist gut, daß wir einen Mann mit Ihrem Wissen

und Ihrer Erfahrung haben – ich selbst hätte in dieser Sache nicht die geringste Ahnung. Wie gesagt, zurück an Sie und viel Glück.«

3. »Sind Sie das, Miß Cushion? Hier der stellvertretende Staatssekretär. Ich schicke die Akte über das Merlin-Projekt an Sir Arthur. Wenn er meine Aktennotiz sieht, wird er einsehen, daß ich diese Entscheidung nicht selbst treffen kann. Die politischen und finanziellen Implikationen sind ein wenig außerhalb meiner Reichweite. Auch glaube ich kaum, daß ein Dokument mit einem so hohen Vertraulichkeitsgrad in meinem Aktenschrank aufbewahrt werden sollte. Ich bin sicher, daß Sir Arthur weiß, wie er die Sache zu behandeln hat.«

Fast jede Akte, die zu Schwarzpeter kommt, wird also fein säuberlich an jemand anders weitergegeben, weil sie stets zu wichtig (oder sonst zu belanglos) für ihn ist. Wenn die Akte schließlich von jeder anderen Abteilung abgelehnt wurde und wenn sein eigener Chef ihn beauftragt hat, sich der Sache selbst anzunehmen, dann schreibt er eine Aktennotiz etwa diesen Inhalts:

»In dieser heiklen Angelegenheit scheint es zwei mögliche Lösungen zu geben, A und B. Zugunsten von A gibt es die folgenden triftigen Argumente:

I) . . . II) . . . III) . . . und IV) . . . Dagegen und für die Lösung B sprechen die folgenden Gründe

I) . . . II) . . . III) . . . und IV)

Ich schlage vor, daß der Minister die Entscheidung trifft.«

Als er eine solche Aktennotiz vor sich hatte, schrieb ein

Politiker »Ich bin einverstanden« an den Rand, wobei er später erläuterte, er stimme der Ansicht zu, daß es tatsächlich um die beiden dort definierten Alternativen gehe.

Lassen Sie uns betonen, daß die Meisterschaft beim Schwarzen Peter nicht auf den öffentlichen Dienst beschränkt ist, sondern in jeder großen Organisation grassiert. Sie ist jedoch besonders charakteristisch für die pyramidenartige Struktur, bei der das neu auftretende Problem zunächst auf der niedrigsten Ebene erwogen wird. In einer solchen Hierarchie gibt es ferner eine Tendenz, eine auf unterer Ebene getroffene Entscheidung durch eine Unterschrift hohen Ranges zu ratifizieren. Dieser Prozeß beginnt mit Bottomley, an den die Angelegenheit zuerst geht. Da er jedoch unerfahren und subaltern ist, witterte er, daß die Antwort auf den Antrag entweder »Ja« oder »Nein« lauten muß. Weil er befürchtet, daß ein »Ja« für ihn eine Menge zusätzlicher Arbeit mit sich bringen würde, schlägt er die Antwort »Nein« vor. Er tut dies ohne Bedenken, weil er ja weiß, daß die endgültige Entscheidung auf höherer Ebene fallen muß. Die Wahrscheinlichkeit spricht dafür, daß Underleigh seine Empfehlung schon aus Prinzip rückgängig macht, um seine Bäume nicht in den Himmel wachsen zu lassen, und daß diese Entscheidung dann wieder von jemand anderem umgekehrt wird. Alles, was Bottomley (wie er annimmt) getan hat, ist, die Sache in Gang zu bringen. Underleigh ist aber an jenem Tage zufällig durch etwas anderes abgelenkt und schafft es nicht, sich überhaupt eine Meinung zu bilden. Zerstreut empfiehlt auch er eine Ablehnung des Antrages und gibt dann die Akte an Middlebloke weiter, wobei er ja weiß, daß die endgültige Entscheidung nicht bei ihm liegt. Geistig abwesend bestätigt Middlebloke, der andere Sachen im Kopf hat, das »Nein«, bevor er die Akte an Upperman weitergibt. Upperman aber ist gewohnt, sich auf Middlebloke zu verlassen, dessen Fähigkeiten in Jahren erprobt wurden. Er reicht eine formell negative Antwort zum Unterschreiben an Topdog weiter. Es ist jedoch eine der Schwächen des Pyramidenprozesses, daß sich fast alles auf dem Schreibtisch von Topdog staut. Er kann nicht mehr tun, als einen Blick auf die Papiere werfen, die er unterschreiben soll, und verläßt sich ganz auf Upperman, der darauf achten soll, daß jede Entscheidung richtig ist. Die Antwort geht heraus, und sie lautet »Nein«. Die Tatsache, daß es sechs Wochen gedauert hat, bis eine Antwort produziert wurde, könnte einen naiven Antragsteller davon überzeugen, daß der Vorschlag die ganze Zeit hindurch Thema gewichtiger Beratungen in feierlicher Klausur gewesen sei. Die traurige Tatsache ist im Gegenteil, daß er überhaupt nie diskutiert wurde.

Falsch am Prozeß des Weitergebens von Papieren ist, daß sich jeder auf jeden anderen verläßt. Der Mann ganz unten nimmt an, daß die Männer an der Spitze es am besten wissen. Hektisch geschäftig, nehmen die Männer an der Spitze an, das ganze Thema sei bereits gründlich von den Männern unten – die ja allein Zeit haben, daran zu arbeiten – untersucht worden. In dem von uns beschriebenen imaginären Fall hätte jeder beliebige einzelne Mann allein bessere Arbeit geleistet als die fünf Mann zusammen, da er zumindest gewußt hätte, daß die Entscheidung bei ihm liegt. So wie die Dinge lagen, nahm jeder von ihnen an, daß die Arbeit noch geleistet werden würde oder bereits auf einer anderen Ebene geleistet worden sei, während in Wirklichkeit niemand daran gearbeitet hatte. Und dies ist – ob Sie es glauben oder nicht – ein genaues Bild dessen, was tatsächlich passieren kann, und zwar besonders dann, wenn die endgültige Antwort negativ ausfällt. Eine positive Entscheidung wird nicht so leicht erreicht, weil dann die Frage auftauchen könnte, welche weiteren Maßnahmen von wem ergriffen werden sollen, da die Antwort »Ja« allein selten genügt.

Es wäre natürlich falsch anzunehmen, daß zu Hause und in der Familie keine Schwarzen Peter weitergegeben werden. Der Tag beginnt vielleicht damit, daß die Mutter den Vater bittet, den Elektroofen anzustellen, und endet vielleicht damit, daß der Vater die Mutter fragt, ob sie die Katze nach draußen geführt hat. Unterdessen hat der kleine Bobby seine ältere Schwester Margaret überredet, seine Schularbeiten für ihn zu machen, während Margaret den Jeremy so lange gequält hat, bis er ihr den hinteren Fahrradreifen aufpumpt. Wir sind uns daher alle darin einig, daß Verantwortung dezentralisiert werden und also jemand anders zufallen sollte. Es gibt jedoch insofern einen Kontrast zum öffentlichen Leben, als Faulheit zu Hause niemals vertuscht werden kann. Wo jemand sein Teil nicht tut, fällt es sofort auf und wird zum Thema von Stellungnahmen. Nicht sehr viel anders als in der Familie geht es auch in kleineren Organisationen zu, wo

es so wenige Beamte gibt, daß sie nicht gesichtslos bleiben können. Wenn wir jedoch zu größeren administrativen Einheiten übergehen, dann stellen wir fest, daß der Spielraum für das Weitergeben von Papieren und das Ausweichen vor Entscheidungen zunehmend größer wird. Das ist einer von mehreren Gründen dafür, daß die kleinere Organisation oft die leistungsfähigere ist.

Wie sieht die Zukunft aus? Es mag eine Zeit kommen, in der unsere Administration durch wirksame Dezentralisierung – mit Provinzparlamenten in Städten wie Edinburgh, Cardiff, Winchester und York – so revolutioniert worden ist, daß die alten Bräuche Whitehalls in Vergessenheit geraten sind. Dann wird das alte Gasthauszeichen »Zum Schwarzen Peter« jungen Leuten vielleicht geheimnisvoll vorkommen, weil sie den Ausdruck nie gehört haben.

Kapitel 4
Der Reigen

Das Ehepaar Beatrice und Sidney Webb, die beiden englischen Sozialpolitiker, pflegte seine Freunde in die Kategorien A und B einzustufen. Die A waren aristokratisch, anarchisch oder künstlerisch, die zuverlässigeren B bürgerlich, bürokratisch oder gütig. Eine solche Einteilung der Menschheit läßt sich in der Tat schon seit einer frühen Periode der Geschichte beobachten. Die Juden hatten ihre Pharisäer und Sadduzäer, die Chinesen ihre Toaisten und Konfuzianer. In Byzanz gab es die Blauen und die Grünen, angeführt von Grundbesitzern beziehungsweise Kaufleuten. Was Großbritannien und die Vereinigten Staaten angeht, so überquerten die Kavaliere und die Rundköpfe den Atlantik und vernichteten einander im amerikanischen Bürgerkrieg weitgehend.

Im allgemeinen basieren die A-Traditionen auf Ackerbau und Viehzucht, während ihre Treue und ihre Neigungen dem Ritual, der Farbe, dem Tanz, der Musik und dem Sport gelten. Die B-Traditionen gründen sich auf Geschäft und Industrie, ihre Treue gilt städtischen Institutionen und sektiererischen Gruppen. Sie neigen zu Sparsamkeit, Ordnung, Nüchternheit und Gebeten. Wenn ein Bus durch Jagdhunde und Reiter aufgehalten wird, verraten die Insassen ihre Einstellung meistens dadurch, daß sie entweder ausrufen: (A) »Sieh mal, da ist die Prinzessin!« oder (B) »Worauf, zum Teufel, warten wir eigentlich?«

In der Praxis wissen wir, daß keine normale Person ausschließlich dem Typ A oder B angehört. Insofern es auf beiden der Seiten fanatische Extremisten gegeben hat, stammen wir von beiden ab. In uns allen mischt sich auf unbehagliche Weise der Epikureer und der Stoiker, der Kavalier und der Rundkopf, der Konservative und der Sozialist, der Moralist und der Lebemann. Trotz dieser Mischung befinden wir uns auf die Dauer jedoch meistens in einem der Lager und werden mehr und mehr darauf festgelegt.

Die Kategorien A und B gründen sich nicht auf Reichtum oder Armut, sondern auf unterschiedliche Motivierungsarten. Auf der A-Seite strebt der einzelne oder die Familie eine Erhöhung des Status oder Ranges an, wobei die Rangleiter traditionsgemäß militärisch ist. Auf der B-Seite strebt der einzelne oder die Familie eine Erhöhung der Gottesfürchtigkeit und des Reichtums an, wobei die Leiter im wesentlichen ökonomisch ist.

Beim Vergleich dieser beiden Motivierungstypen wäre es töricht, für den einen oder den anderen eine allgemeine

Überlegenheit zu beanspruchen. Die Notwendigkeit eines Gleichgewichts zwischen A und B ist nämlich deutlich. Verschiedene Situationen erfordern verschiedene Tugenden, wobei die des Kirchenvorstehers sich von der des Jagdfliegers unterscheidet. Unser Land hatte das Glück, beide zu haben, wobei einmal der konservative Gutsbesitzer eine bedeutendere Rolle spielte und ein anderes Mal der methodistische Kaufmann. Wenn eine Seite die andere vernichtete, dann wäre das aller Wahrscheinlichkeit nach eine Form des nationalen Selbstmordes.

Die Gesellschaft wird vertikal durch die Linie geteilt, die A von B trennt, und horizontal durch die Abstufungen des Erfolges und des Versagens. Die Leute lassen sich somit in folgende Gruppen einstufen: Die Hoffnungslosen, die Passiven, die kollektiv Ehrgeizigen, die Ehrgeizigen und (schließlich) die Priviligierten. Diese Ebenen sind mit dem jeweiligen Einkommen verbunden. Die kollektiv Ehrgeizigen sind in ihrem Bestreben, die Position einer Gruppe zu verbessern, aber nicht notwendigerweise ärmer als die persönlich Ehrgeizigen, die bestrebt sind, ihre eigene Position zu verbessern.

Die kollektiv aktiven Leute auf der A-Seite werden durch die Buchprüfer oder Bauinspektoren typisiert, die danach streben, das Ansehen ihrer Berufsvereinigung zu betonen. Im Gegensatz dazu bemühen sich die kollektiv aktiven Leute auf der Seite B darum, das Lohnniveau der Heizungsmonteure oder Hafenarbeiter anzuheben. Einen mehr persönlichen Ehrgeiz hat der Buchprüfer, der sich zum Direktor mausert, oder der Monteur, der es zum Parlamentsabgeordneten bringt. Ein Diagramm, das unsere bisher beschriebene Sozialstruktur darstellt, würde etwa aussehen wie die beiden Leitern A und B, Seite an Seite gestellt und von der Hoffnungslosigkeit bis zum Privileg aufsteigend.

Das Bild ist aber unvollständig, wenn zwei andere Tendenzen ausgelassen werden, die in einem Verhältnis zueinander stehen. Menschen oder Familien, die auf der Leiter B emporgeklommen sind, zeigen nämlich sehr oft eine nachträgliche Vorliebe für die oberste Sprosse der Leiter A. Der Enkel des erfolgreichen Puritaners geht nach Eton und an das Trinity College in Cambridge. Dies aber ist – wie der Großvater vielleicht grollend auf seinem Totenbett verkündet – der erste Schritt zu jenem finanziellen Ruin, der eine spätere Generation in Tiefen der Verzweiflung stürzen wird. Um sich aus den Reihen der Hoffnungslosen zu befreien, wird eine noch spätere Generation fast mit Sicherheit wieder von A nach B zurückkehren müssen.

Diese beiden Tendenzen (oben von B nach A, unten von A nach B) wirken sich so aus, daß die beiden Leitern in einen Kreis verwandelt werden. Von unten aus können die Leute auf beiden Seiten der Trennlinie emporklettern. Vom Laufjungen (B) steigt der schlaue oder vom Glück begünstigte X zur privilegierten Position eines Versandhausmillionärs auf, der einen Enkel (A) im Garderegiment hat. Vom gemeinen Soldaten (A) steigt der tapfere und energische Y zu den Privilegien (A) eines mit Orden geschmückten Oberstleutnants auf.

Wir sollten jedoch zur Kenntnis nehmen, daß die allgemeine Bewegung in Uhrzeigerrichtung erfolgt. Ferner sollten wir beobachten, daß jene, die auf Seite A aufsteigen, rascher nach oben kommen, wenn sie sich links und damit stets am Rande der B-Seite der Gesellschaft halten. Der hochgediente Oberst mag also an der Börse spekulieren oder die Tochter des Bankiers heiraten – in der Praxis wird er sogar beides tun müssen. Auf der B-Seite würde ein Geschäftsmann von der vorsichtigeren Sorte, dessen Verstand bereits nach A hin konditioniert ist, einen Pfad rechts von der Mitte einschlagen. Er würde sich somit weder so schnell noch so weit bewegen wie sein Rivale auf der spekulativen und spektakulären Linken. Es ist deutlich, daß die dynamischeren Gesellschaften jene sind, in denen die Kräfte des Ehrgeizes und der Extravaganz am weitesten zur Peripherie hin verteilt sind.

Schließlich müssen wir noch anmerken, daß die Existenz von Ruin und Verzweiflung für die Bewegung in ihrer Gesamtheit wesentlich ist. Wenn es Edelmännern nicht gelänge, sich durch ihre Spielleidenschaft ins Elend zu stürzen, dann wäre auf der Stufe der Privilegien (A) kein Raum für die Ehrgeizigen (A) oder die Privilegierten (B). Das Unheil, das den Aristokraten heimsucht und seine Kinder in die Tiefe schleudert, ist gleichzeitig die notwendige Ergänzung zum Erfolg eines anderen und das notwendige Vorspiel für den späteren Wiederaufstieg seiner eigenen Nachkommen.

Es ist offenkundig, daß der Kreis in Wirklichkeit ein Rad ist. Es erzeugt Energie im Zentrum, indem es Kräfte ausnutzt, die in der Nähe der Peripherie am wirksamsten sind. Um ein Maximum an Leistungsfähigkeit zu garantieren, muß jede Abteilung – bis auf die allerniedrigste – einen gewissen Widerstand leisten und einen Eintrittspreis verlangen. Andererseits darf niemand jemals ausgeschlossen werden. Die Tür muß da sein, sonst funktioniert das ganze System nicht. Es ist zumindest ebenso offensichtlich, daß sich der Schwung durch die Ausschweifungen der Liederlichen und die Narretei der Narren noch erhöht. Ohne Extravaganz, Glücksspiele, Trunksucht und Sex wäre die Gruppe der Privilegien (A) geschlossen. Wenn aber eine Sektion geschlossen wird, dann kommt die ganze Bewegung zum Stillstand. Wo es dazu kommt, werden die Kräfte des angestauten Ehrgeizes letzten Endes eine Explosion auslösen.

Wo die umgekehrten Bedingungen herrschen und alle Türen so weit offenstehen, daß ein Eintritt ohne Wettbewerb möglich ist, da mögen zwar die Kräfte aktiv sein, aber das Rad ist träge. Man tut einen ersten Schritt zum Verlust der effektiven Macht hin, wenn man die Erziehung allzu leicht zugänglich macht, so daß alle und jeder auf die Oberschule und zur Universität gehen können. Der Weg zur Beförderung wird damit dramatisch frei gemacht – aber für die Trägen genauso wie für die Energischen. Alle können dann bis in die Büros der Industrie gelangen, während die wenigen, die den blauen Kittel anbehalten, höhere Löhne als die Angestellten bekommen. Jedes Gefühl für Richtung geht verloren, und alles kommt zum Stillstand. Tatsächlich gibt es in beiden Richtungen

Gefahrengrenzen. Wo diese Grenzen genau liegen, mag schwierig zu ermitteln sein. Große Leistungen der Vergangenheit gab es aber selten dort, wo Stagnation oder Chaos herrschten.

Es gibt, wie wir wissen, Ausnahmen. Die allgemeinen Tendenzen hingegen lassen sich gewiß nicht leugnen. Heeresoffiziere stammen selten aus Industriegebieten und Millionäre kommen ebenso selten aus feudalen Regionen. Die Erfolgsmuster haben eine lange Tradition und sind hinlänglich bekannt.

Sind diese Muster aber ewig? Die Labour Party behauptet, es sei ihr Ziel, eine klassenlose Gesellschaft zu schaffen. Wenn es dazu kommen sollte, dann würde die Barriere zwischen Ambition (B) und Privilegien (B) unüberbrückbar. Es wäre fast unmöglich, zu Reichtum zu gelangen, und selbst wenn man das schaffte, hätte man damit noch immer keinen Zugang zur Macht. Die Bewegung auf den höheren Ebenen von B nach A würde durch die Bewegung von A nach B mehr als ausgeglichen werden. Wenn dann darüber hinaus die Hoffnungslosigkeit abgeschafft würde, dann ginge die Antriebskraft am Fuße des Diagramms ebenso verloren.

Das Rad muß daher zum Stillstand kommen, wenn seine treibende Kraft dahin ist. Sozialisten würden dies als einen ruhigen und zufriedenen Zustand beschreiben. Tatsächlich könnten Ruhe und Gelassenheit vorherrschen, aber alle Druckanzeiger würden auf Null stehen.

Kapitel 5
Lords und Lakaien

In einem ausgezeichneten Buch mit dem Titel »Management und Machiavelli« (1967) erinnert uns Anthony Jay daran, daß die Spitzenmanager jeder beliebigen großen Organisation – sei sie politisch, industriell, militärisch oder religiös – entweder als Barone oder Höflinge klassifiziert werden können. Ein König im Mittelalter übte nur eine recht unsichere Kontrolle über seine mächtigsten Edelmänner aus, denen ganze Provinzen manchmal in erster Linie ihre Lehenspflicht schuldeten. Direkter in seinem Blickfeld waren jedoch die Experten, an die er sich wenden mußte, wenn er Rat brauchte: die Bischöfe, Bankiers, Richter und Generale, die sein eigentliches Gefolge bildeten. Der Höfling war deshalb wichtig, weil er direkten Zugang zum König hatte. Er hielt diese Bedeutung nur so lange, wie der König ihn als nützlich betrachtete. Der Baron war an sich gesehen wichtig – weil seine Stärke auf dem tatsächlichen Besitz von Territorium beruhte – hatte aber nur gelegentlich Zugang zum König. Unter einer schwachen Herrschaft war die Bedeutung der Barone überwältigend, wobei der König nur immer den einen gegen den anderen ausspielte. Unter starker Herrschaft waren die Höflinge aktiver und die Barone ziemlich gebändigt. Wenn man von den persönlichen Dingen einmal absieht, war es so, daß eine Expedition gegen ein anderes Königreich – ein Kreuzzug war da noch besser – die Macht im Hauptquartier zentralisierte, während ein drohender Angriff den Baronen an der jeweils bedrohten Grenze neue Bedeutung verlieh. Was für das Mittelalter zutraf, ist in der ganzen Zeit wahr geblieben, die seitdem verstrichen ist. Feudale Königreiche haben Industriekonzernen Platz gemacht, aber die grundlegenden Fakten bleiben die gleichen. Die Höflinge von heute sind die Chefs der Produktion, des Marketing, der Werbung und der Finanzangelegenheiten. Die Barone sind die Manager der einzelnen Werke. Während der Erfolg des Höflings sich an der Gunst ablesen läßt, in der er beim Generaldirektor steht, kann man den Erfolg des Barons auf der Grundlage des prozentualen Ertrages beurteilen, den das in seinem Bereich investierte Kapital abwirft. Dies gehört zu den unveränderlichen Fakten der Administration. Sie sind heute ebenso wahr wie zur Zeit der normannischen Eroberungen. Die Höflinge haben immer eine Zentralisierung angestrebt, und die Barone haben stets für ihre Autonomie gekämpft. Der Konflikt zwischen ihnen liegt in der Natur der Dinge und läßt sich nicht durch einen plötzlichen Einblick in ewige Wahrheiten lösen.

Wenn es eine Eigenart des mittelalterlichen Hofes gibt, die im modernen Zentralbüro nicht reproduziert wird, dann ist es das uralte Amt des Hofnarren. Es war Privileg und Aufgabe des Hofnarren, einen anderen Standpunkt vorzutragen, der weder der des Establishments noch der jener Gruppe war, die gerade in Ungnade gefallen war. Falls die Traditionen seines Amtes überhaupt etwas bedeuten, dann scheint es so, daß der offizielle Narr mindestens ebenso schlau war wie nur irgendein anderer Würdenträger. Man brauchte seinen Rat nicht ernst zu nehmen, aber es gab auch kaum eine Entschuldigung dafür, Anstoß an irgend etwas zu nehmen, was er sagte. Schließlich wurde er ja dafür bezahlt, vorlaut zu sein. Es gibt Gründe für die Vermutung, daß er eine nützliche Funktion erfüllte, und es gibt noch mehr Gründe für den Verdacht, daß er auch heute nützlich sein könnte. Oder ist der Industriepsychologe sein modernes Gegenstück? Die Idee eines offiziellen Narren lohnt zumindest eine Überlegung, denn es gibt keinen anderen Weg, um die Luftblasen der Selbstzufriedenheit platzen zu lassen. Gerade wenn der Chor des gegenseitigen Lobes seinen Höhepunkt erreicht, braucht man jemanden, der »Quatsch!« sagt. Es stimmt, daß heute jeder so etwas sagen kann. Er geht damit aber die Gefahr ein, sich Feinde zu machen. Der Narr hatte, wie Sie sich erinnern werden, Privilegien und genoß eine Art diplomatischer Immunität. Hier haben wir den Fall, daß ein nützliches Amt unausgefüllt bleibt. Ein paralleles Amt, das jüngst zu neuem Leben erweckt wurde, ist das des königlichen Beichtvaters – eine im Schatten stehende

Figur, der es wohl nie an Einfluß gefehlt hat. Wieder aufgetaucht ist er als der Psychoanalytiker, als der Mann, an den sich der Aufsichtsratsvorsitzende wenden kann, wenn er geistlichen Zuspruch braucht. Vom Narren abgesehen, ist das Zentralbüro von heute also dem Hofe von gestern sehr ähnlich. Das gilt besonders für seine allgemeine Einigkeit über die Notwendigkeit der Zentralisierung.

Der Drang nach Zentralisierung der Autorität in einem Hauptquartier hat in jeder großen Organisation seit jeher bestanden. Wenn wir von der persönlichen Interessenlage absehen, gibt es im übrigen einige solide Argumente für eine solche Zentralisierung. Nur die Männer im Zentrum, so kann man sagen, verfügen über das Gesamtbild. Man könnte der Meinung sein, daß bei der Verteidigung des mittelalterlichen Großbritanniens der Prinzbischof von Durham und der Herzog von Northumberland von dem Gedanken an die Schotten besessen waren. Als man auf Wales marschierte, konnte niemand von etwas anderem reden als von den walisischen Plünderern. Sicher hatten die Barone der Cinque Ports mit ihrer Fixierung auf die Seeräuberei eine ebenso engstirnige Einstellung. Nur am Hofe war es möglich, diese verschiedenen Berichte miteinander zu vergleichen und zu entscheiden, welche echten Gefahren (falls es überhaupt welche gab) zu fürchten waren. Auf der Basis dieser Entscheidungen konnten die Mittel vernünftig zugeteilt und konnte dort Diplomatie eingesetzt werden, wo es an Truppen fehlen mochte. Die Entscheidung auf höchster Ebene hat außerdem den Vorteil der Endgültigkeit. Wenn man all diese Barone versammelte, dann würden sie bis zum St.-Nimmerleins-Tag streiten, intrigieren, sich beschimpfen und einander zum Kampf bis zum letzten Atemzug herausfordern. Die Situation erforderte vielmehr einen knappen, klaren Befehl des Lordmarschalls, der (mehr oder weniger) mit den Worten beginnen »Seine Majestät hat mich beauftragt ...« und mit der Ankündigung schließen sollte »Beim Versagen haften Sie mit dem eigenen Leben!« Eine moderne Kabinettsentscheidung soll die gleiche Wirkung haben, und das Äquivalent in der Industrie ist ein vom Vorsitzenden des Aufsichtsrates unterzeichnetes Schreiben. Nach einer Überprüfung der Gesamtsituation hat der Aufsichtsrat beschlossen, die Filiale in Basingstoke zu schließen und das Werk in Newcastle zu erweitern. Alle nördlichen Produktionseinheiten werden von einem neuen Bezirksbüro in York aus geleitet, und eine besondere Exportabteilung wird bei Canterbury aufgebaut. Die Politik ist beschlossen, und die Zeit der Argumente ist vorbei. Unser Ziel ist es, die Produktion im Laufe der nächsten zwei Jahre um 12,5 % zu steigern. »Beim Versagen haften Sie mit der eigenen Existenz!«

Ebenso unverändert ist im Laufe der Jahrhunderte die Reaktion von den Randgebieten der Organisationen geblieben. Die Frontoffiziere teilen sich gegenseitig mit, daß diese Burschen in London überhaupt keine Ahnung haben. Es ist gut und schön, Anweisungen zu geben, aber diese Schreibtischhengste wissen nichts über die Tatsachen. Die von dort angegebene Marschlinie ist für Kavallerie völlig ungeeignet. Und wie sieht es mit dem Nachschub aus? Die

Straße, auf die sie sich zu verlassen scheinen, gibt es seit dem vergangenen Winter überhaupt nicht mehr. Tatsache ist, daß man Ortskenntnisse braucht und auf dem laufenden bleiben muß.

Außerdem ändert sich die politische Lage ständig. Von den Führern der Gegenpartei, die wir gefangennehmen sollen, ist einer bereits auf unserer Seite, und der andere ist tot. Die Ungeduld des Mannes an Ort und Stelle über den Lehnstuhlstrategen hat ihre heutige Entsprechung in der Reaktion des Filialleiters auf die Anweisungen der Zentrale. Die in London erarbeitete Werbung wird in Dundee ohne Wirkung bleiben, und die in Chelsea verkaufsfertig verpackten Waren lassen sich in Belfast nicht loswerden. Und warum, um Himmels willen, plant man diese Erweiterung des Werkes Nr. 3? Wir können nicht einmal Arbeitskräfte zur Bedienung der Maschinen finden, die wir jetzt schon haben! Was soll das Projekt zur Ausbildung von Lehrlingen, mit Unterricht in Maschinenbau und Volkswirtschaft? Die Zentrale ist sich wohl nicht darüber im klaren, daß es in dieser Gegend überhaupt keine Lehrlinge gibt. Diese ganze Korrespondenz von London ist unrealistisch. Es wäre besser, wenn diese Alleswisser einmal herkommen und sich die Sache selbst ansehen würden. So wie die Dinge liegen, haben wir (offen gestanden) die Schnauze voll!

Hier haben wir also die beiden Grundansichten. Bis vor ziemlich kurzer Zeit war es meist so, daß die Männer an Ort und Stelle sich durchsetzten. Der Zentralregierung hat es nämlich im ganzen Verlauf der Geschichte – und wenn sie auch noch so stark war – an den Mitteln gefehlt, ihre Herrschaft effektiv zu machen. Der Wille zum Regieren mochte wohl da sein, aber die Briefe waren zu lange unterwegs. Sobald dann die ozeanischen Weltreiche (ob politisch oder kommerziell) gegründet wurden, erstreckten sich die Kommunikationswege über unmögliche Entfernungen. Wenn es sechs Monate dauerte, bis ein Brief ankam, und man dann weitere sechs Monate lang auf die Antwort warten mußte, dann hatte der weit entfernte Prokonsul alle Trumpfkarten in seiner Hand. Durch den einfachen Trick, daß er um Klärung bat, konnte er eine Aktion ein Jahr lang hinauszögern, an dessen Ende eine veränderte Situation die gewünschte Politik ohnehin unanwendbar gemacht hätte. Jahrhundertelang schlug sich die Zentralverwaltung mit diesem störrischsten aller Probleme herum. Sie forderte Informationen an und erteilte Befehle – doch stets mit den Empfindungen von jemand, der versucht, einen besonders schlüpfrigen Fisch mittels einer Gummileine unter Kontrolle zu halten. Mit offensichtlichem Widerstreben mußten die kaiserlichen Herrscher und kommerziellen Direktoren Männern die Vollmachten von Vizekönigen erteilen, deren Fähigkeiten zwar groß sein mochten, deren Loyalität aber zweifelhaft war. Ihre Position in der Zentrale war so, daß sie fast an ihren Frustrationen sterben konnten. Der ungehorsame Baron kann nämlich oft nicht ersetzt werden, und nicht jeder Truman wagt es, seinen MacArthur herauszuschmeißen. Bis vor ganz kurzer Zeit existierten die Kontrollmittel einfach nicht.

Etwa um 1870 herum begann sich die ganze Situation rasch zu ändern. Nacheinander kamen der Telegraph, das billige Papier (um Abzüge zu machen), das Telephon, das Dampfschiff und das Automobil. Es folgten der Fernschreiber, das Radio, das Flugzeug und die Düsenmaschine. Ganz abrupt bekam das Zentrum jedes Empires – ob politisch oder kommerziell – die Möglichkeiten, seine Macht zu behaupten. Könige, Präsidenten und Direktoren waren plötzlich in der Lage, die vollsten Informationen zu beschaffen, die präzisesten Instruktionen zu erteilen und den tiefen Gehorsam zu verlangen – und das alles nicht nur innerhalb von Tagen, sondern innerhalb von Stunden. Vizekönige wurden zu Vertretern, Botschafter zu Boten und allmächtige Manager zu bloßen Angestellten. Gegen 1900 und dann in viel stärkerem Maße gegen 1950 waren die Barone nur noch ein Schatten ihres früheren Ich, und die Höflinge befanden sich überall im Aufstieg. Wie um die Sache auf die Spitze zu treiben, schaffte die Zentrale auch noch einen Computer an – eine Kristallkugel also, in der man die ganze Organisation mit einem einzige Blick übersehen kann. »Spieglein, Spieglein, an der Wand, wer ist der Schlauste im ganzen Land?« Die Hexerei von heute liefert die Antwort blitzartig. Der statistische Beweis wird nachgeliefert. Die Augen des Herrn ruhen auf dem modernen Manager, und bei jeder Entscheidung wird er von oben beraten. Zu jeder Stunde kann er in den Himmel eingeladen werden, um über die Verwaltung des ihm verliehenen Amtes Rechenschaft abzulegen. Jederzeit kann ein Erzengel in seinem Büro erscheinen und verlangen, die Unterlagen zu Gesicht zu bekommen. Der Baron von heute liegt sehr an der Leine.

Zentralisierung ist heute eine Mode, und jede Fusion macht diesen Trend noch absoluter. Es wird jedoch offenkundig, daß dieser Prozeß Nachteile hat, die von den zentralen Administratoren zunächst nicht vorhergesehen werden. Kontrolle hängt von Informationen ab, und die Zentrale verlangt zunächst einmal Konten und Statistiken, Listen und Berichte. Das Ergebnis davon ist, daß das Papier aus allen Gebieten eines weitverzweigten Empires hereinströmt, wobei jeder plappernde Bach so anschwillt, daß er schließlich zum reißenden Fluß wird. Wir müssen uns klarmachen, daß Papier sich fortpflanzt und daß statistische Berichte von Jahr zu Jahr umfangreicher werden. Schließlich ist die Zentrale mit Informationen überschwemmt. Ganze Abteilungen sind ausschließlich damit beschäftigt, sie zu archivieren. Die Stockwerke sind mit Aktenschränken blockiert, und die Angestellten machen aus der Indexarbeit allein schon eine Lebensaufgabe. Der zentrale Zauberer verlangte Fakten, und der Zauberlehrling hat einen Prozeß eingeleitet, mittels dessen die Tatsachen eimerweise und in vierfacher Ausfertigung eintreffen. Davon, daß irgend jemand auch nur einen Blick auf das Papier wirft, kann überhaupt keine Rede sein. Die Leute haben kaum Zeit, um jedes Dokument in den richtigen Umschlag zu stecken. Jedes Büro wird durch einen schäumenden Wolkenbruch von Informationen überflutet, und niemand weiß, wie man den Hahn wieder abstellt. Jedes leerstehende Zimmer mit einem Namen vor der Tür wäre innerhalb von zwei Jahren mit dem angestapelten Gewicht der Korrespondenz vollgepackt. Manager, die nicht auf der Hut sind, ertrinken hilflos in der Papierflut. Viele andere können höchstens für sich in Anspruch nehmen, daß sie mit dem Leben davongekommen sind.

Zur Papierflut gesellt sich das Problem der verkürzten Arbeitszeiten. Zentralen der Regierung und Industrie haben die Tendenz, in größeren Städten angesiedelt zu werden, die als Wohnorte ungeeignet geworden sind. Manager, die ihren Status gewöhnlich danach bemessen, wie weit entfernt vom Zentrum sie wohnen, haben ihre Häuser daher meistens in den Vororten. Zwar muß man zugeben, daß sie schon vor Morgengrauen aufstehen. Dennoch ist es schon eine Leistung, wenn sie es schaffen, um 10 Uhr an ihrem Schreibtisch zu sein. Wenn sie um 7 Uhr wieder zu Hause sein wollen, müssen sie außerdem das Büro schon gegen 4 Uhr verlassen haben. Da sie von 12 bis 2 Uhr Mittagspause machen, beläuft sich ihre Tagesarbeit auf insgesamt rund vier Stunden. Je weiter und komplexer das Spinnennetz ist, desto mehr geschäftliche Angelegenheiten erreichen die Zentrale und desto weniger Zeit steht zur Verfügung, um damit fertig zu werden. Falsche Entscheidungen werden zu spät getroffen, und sehr dringende Probleme gehen in Trivialitäten und Tee unter.

An oberster Stelle in diesem Leerlauf steht der Palast von Westminster, wo der reine Überandrang an Arbeit alles zum Stillstand bringt. In den Abteilungen von Whitehall bringt eine pyramidenartige Struktur der Verantwortlichkeit jede wichtige Entscheidung bis zur Gipfelebene, wo niemand mehr Zeit hat, sie zu prüfen. In der Industrie arbeitet eine ähnliche Hierarchie einen ebenso kurzen Arbeitstag und produziert ein fast ebenso geringes Resultat. In jedem großen Zentralbüro sehen wir heute die Ergebnisse einer Überzentralisierung, die bis zum Wahnsinn perfektioniert wurde.

Eine Konzentration der Macht im Zentrum löst mehr als nur Chaos dort aus, wo alle Linien zusammenlaufen. Bis zum Exzeß betrieben, verursacht sie außerdem Frustration an der Peripherie, ihrem Ausgangspunkt. Der zukünftige Generaldirektor sollte aus den Reihen der Bezirksleiter ausgewählt werden, denn nur in der Position eines Managers (und nicht der eines Beraters) wird ein Mann auf der Basis von Resultaten und nicht nur Meinungen erprobt. In einer Filiale aber, wo nur die Post sortiert und Anweisungen erbeten werden, gibt es wenig zu beweisen und auch wenig zu lernen. Das Ergebnis ist, daß die Moral leidet und daß Manager kündigen, so daß nur solche mit ungewisser Qualität und geringer Erfahrung bleiben. Angesichts des Mangels an Männern, die sich ihren Ruf in einer verantwortlichen Position erwarben, wird sich der Aufsichtsrat in der Zentrale nach seinem nächsten Chefmanager umsehen. Abteilungsleiter sind aber selten ideale Kandidaten für weitere Beförderung. Ihr Wissen ist spezialisiert, und sie sind nicht an eine Verantwortung gewöhnt, die sich nicht mit anderen teilen läßt. Am wenigsten sind sie die Art von Männern, die in den Bezirksbüros die Moral wiederherstellen könnten. In den vergangenen Jahren haben sie keine Führungseigenschaften entwickelt, sondern technische Ratschläge erteilt. Bei keinem dieser älteren Männer ist es wahrscheinlich, daß sie in elfter Stunde zur Tat schreiten und sich verspätet als dynamische Persönlichkeiten entpuppen. Wenn nicht von außen neues Talent eingeführt werden kann, dann mag es sein, daß die Gesellschaft vor einer sehr trüben Periode steht. Eine Überzentralisierung führt vielleicht nicht sofort zum Unheil, aber letztlich gibt es eine Strafe, und die Zeit wird kommen, da sie gezahlt werden muß.

Der gegenwärtige Trend geht zur Überzentralisierung, aber die Gegenreaktion hat schon begonnen. In den größten amerikanischen Industriegruppen gibt man den einzelnen Bezirken oft schon freie Hand in allen Angelegenheiten, außer in der Finanzpolitik, und diesem Beispiel sollte man bestimmt folgen. Es wäre dagegen falsch anzunehmen, daß es eine goldene Regel gebe, nach der man einen Punkt genau auf der Mitte zwischen exzessiver und unzureichender Kontrolle fixieren könne. John Stewart Mills hat gefordert, daß Information zentralisiert, die Macht aber aufgeteilt werden sollte. Bis zu einem gewissen Grade ist das eine nützliche Regel. Es kann jedoch keine Formel geben, die für jede Organisation in jeder Periode ihrer Geschichte geeignet ist. Die Lage ändert sich, und unser Überleben hängt von dem Tempo ab, in dem wir umstellen und umorganisieren können. Falls es jedoch ein allgemeines Prinzip gibt, dann ist es das, daß Zentralisierung beim Beginn einer Offensive eher notwendig ist, Dezentralisierung dagegen, wenn wir den Angriff des Feindes erwarten.

Kapitel 6
Fürstentümer und Mächte

Während der Jahrhunderte der europäischen Expansion bildete sich der Nationalstaat als die normale politische Einheit heraus. Dies hing hauptsächlich mit kriegerischen Gründen zusammen. Frankreich wurde aus Furcht vor England vereinigt, Spanien aus Furcht vor dem Islam, Großbritannien aus Furcht vor Spanien und Deutschland aus Furcht vor Frankreich. Für einen Angriffskrieg war der Nationalstaat die größte Einheit, die nicht wegen der Verschiedenartigkeit ihrer regionalen Interessen auseinanderfiel. Für Zwecke der administrativen Leistungsfähigkeit war die Nation oft zu groß, und wirtschaftlich gesehen war sie im allgemeinen zu klein. Da sich Europa wieder einmal in der Defensive gegenüber Asien befindet, wird im allgemeinen anerkannt, daß eine gewisse Reorganisation erforderlich ist. Die Bewegung zur Einheit Europas – deren Ausdruck die Europäische Wirtschaftsgemeinschaft ist – wirft den Schatten eines neuen Römischen Reiches voraus, mit all den Vorteilen, die dieses Reich hinsichtlich der Verteidigung, des freien Handels und des inneren Friedens zu bieten hatte. Dieser Drang, sich als Kontinent zu vereinigen, wird aber durchaus logisch von der Forderung nach Autonomie der Provinzen begleitet. Die kleineren politischen Unter-Einheiten (Bayern, die Normandie, Schottland) haben allesamt der Idee des Nationalismus etwas von ihrem Lokalstolz geopfert. Ihre Unabhängigkeit haben sie gegen den Schutz und vor allem gegen einen Anteil an den Errungenschaften der Nation eingetauscht. Als sich das Britische Empire auf seinem Höhepunkt befand, hatten die Schotten einen sehr fairen Anteil an seinem Wohlstand. In der Tat war dieser Anteil so groß, daß sie bereit waren, sich (jedenfalls im Augenblick) als Briten zu betrachten. In jenen Tagen gab es ein imperiales Erbe, auf das sie stolz sein konnten. Genauso war es in Spanien, Österreich, Frankreich und Deutschland gewesen. Im Gegensatz dazu hat die Nation in der zweiten Hälfte des 20. Jahrhunderts ihren Provinzen als Gegengabe für ihre Treue wenig zu bieten. Verteidigt werden können sie nur als Bestandteil eines weit größeren Bündnisses, und eine Kriegsbeute, die man unter sie verteilen könnte, gibt es heutzutage nicht. Der Nationalstaat ist in mancher Hinsicht zwar noch nützlich, in anderer Hinsicht aber eine eindeutige Belastung. So hält er etwa den Handel an einem Netz von Grenzen auf und verschwendet seine Zeit mit einer kraß überzentralisierten Administration. Es gibt leistungsfähige Nationalstaaten wie Finnland, Dänemark oder Schweden. Mit Bevölkerungen zwischen etwa vier und sieben Millionen haben sie aber nur die Größe von Provinzen. Wo die Bevölkerung die Zehn-Millionen-Grenze überschreitet, gibt es offenkundige Argumente für eine Dezentralisierung – wie etwa in den Niederlanden, wo jede Provinz wie in den USA ihren eigenen Gouverneur hat. Das ist der intellektuelle Hintergrund der Bewegungen, die jetzt in Schottland und Wales dringlich werden. Wir kommen allmählich zu der Einsicht, daß der Nationalstaat mit 30 bis 50 Millionen Menschen hoffnungslos untüchtig ist und außerdem eine lähmende Auswirkung auf die provinzielle Kultur und eine auf öde Weise Normen schaffende Auswirkung auf das gesellschaftliche Leben hat. Für alle Zwecke der inneren Administration wünschen wir eine Regierung, die zugänglich und ökonomisch ist und die ein kulturell vereinigtes und einigermaßen kleines Gebiet verwaltet.

Die natürliche Folge der europäischen Einheit ist daher ein neuer Akzent für die Autonomie der Provinzen. Sie bietet zwei enorme Vorteile rein praktischer Art. Zunächst einmal können unsere öden Argumente über das Für und Wider des Sozialismus auf die Provinzebene verbannt werden. So können in einer Region alle Industrien verstaatlicht, in einer anderen alle Industrien in Privatbesitz gelassen werden. Probleme des Gesundheitswesens und Wohnungsbaus würden niemals in Paris oder Rom erörtert werden. Dort würde man daher Zeit haben, sich mit Angelegenheiten zu beschäftigen, die auf echte Weise national und international sind. Es ist unsere gegenwärtige Politik, alle Initiative an der Peripherie zu töten und im

Zentrum keine Zeit für sachliche Dinge zu lassen. Ein Parlament in Edinburgh, vergleichbar mit dem Nordirlands, wäre der erste Schritt zu einer Abkehr von dieser Politik, und genau das haben die Schotten mit Recht zu fordern begonnen. Wir vergessen dabei jedoch, daß eine Konzession gegenüber Schottland in Richtung auf Autonomie außerdem den Druck auf Westminster vermindern würde. Was immer für Schottland getan wird, sollte für England und sogar für die gesamten Britischen Inseln von gleichem Nutzen sein. Auch steckt in einer solchen Entwicklung die Möglichkeit, daß die Republik Irland sich England wieder in einer lockeren Form der Föderation anschließt. Ein solcher Schritt aber wäre von enormen Nutzen für beide Völker, deren eigenartig funkenschlagendes Verhältnis zueinander auf den Gebieten der Führung, der Literatur und der Ideen einst zu so vielem geführt hat.

Auf eine etwas verschwommene Art sind die Politiker allmählich zu der Einsicht gelangt, daß eine Dezentralisierung kommen muß. Sie reagieren darauf jedoch so, daß sie davon sprechen, ein Dutzend Verwaltungsbehörden in England zu schaffen, wobei jede von ihnen die wirtschaftlichen Anstrengungen der Grafschaften und Gemeinderäte in einem bestimmten Gebiet koordinieren soll. Es gibt drei Einwände gegen ein solches System bürokratischer Verstopfung. Erstens hätten die Regionen nicht die richtige Größe, vergleichbar etwa mit Dänemark oder Schottland. Zweitens würde ihnen jede Tradition der Autonomie und deren gefühlsmäßige Verankerung fehlen. Drittens würden sie die bereits bestehende Paralyse noch verstärken, indem zwischen den Staatsbürger und die Legislative noch eine Stufe der Beamtenschaft geschaltet würde. Die Funktion eines Provinzparlaments wie dem in Belfast ist es, das Zentralparlament in jeder Angelegenheit zu ersetzen, bei der es nicht um andere Regionen geht. Die Konstruktion eines Kanaltunnels ist ein internationales Problem, über das in Paris und Westminster debattiert werden muß. Die Organisation von Gesamtschulen (und ihre spätere Abschaffung) ist eine lokale Angelegenheit, mit der man sich in Cardiff oder Edinburgh beschäftigen kann. Was niemand außer dem Insassen eines Tollhauses vorschlagen könnte, ist ein System, bei dem eine Erziehungspolitik, über die man sich in Edinburgh geeinigt hat, noch einmal in London erörtert werden muß. Ein solcher Weg führt zum Wahnsinn, wie es jedem Menschen von auch nur durchschnittlicher Intelligenz klar sein sollte. Unsere Verwaltung ist ohnehin schon umständlich genug. Es käme dem Selbstmord gleich, wollte man ihre kostspielige Komplexheit noch erhöhen.

Es ist offenkundig, daß jeder ernsthafte Vorschlag einer provinziellen Dezentralisierung von den bereits bestehenden effektiven Einheiten ausgehen muß. Schottland und Wales sind historische Länder, ihrer Größe nach mit Österreich und der Schweiz vergleichbar und potentiell so leistungsfähig wie Dänemark und Norwegen. Wenn wir ihre Autonomie einmal als gegeben voraussetzen, dann brauchen wir englische Regionen, die ihnen an Größe und Lokalpatriotismus annähernd entsprechen. Kein vernünftiger Mensch würde versuchen, eine solche Gruppierung zu planen, ohne zuvor eine lange und sorgfältige Untersuchung der örtlichen Ideen, Bedürfnisse und Vorurteile anzustellen. Wir haben koloniale »Föderationen« in Südostasien, Afrika und Westindien erlebt. Sie alle wurden auf der Basis administrativer Nützlichkeit und ohne Rücksicht auf das geplant, was die Leute tatsächlich wollen. Wir haben erlebt, daß sie ebenso schnell zerbrachen, wie sie gebildet worden waren. Selbst wenn wir es vorher vergessen hatten, müssen wir einsehen, daß die Grundlage solcher Gruppierungen irgendeine Art von menschlicher Realität und nicht bloß ein in einer Abteilung verfaßtes Memorandum sein muß. Der regionalen Idee müssen wir uns daher mit äußerster Vorsicht nähern. Es mag durchaus sein, daß aus unseren ersten Vorschlägen nichts wird. Das muß uns jedoch nicht davon abhalten, Vorschläge zu machen. Wenn wir davon ausgehen, daß man irgendwo anfangen muß, könnte man vielleicht vorschlagen, daß England aus sechs Hauptbezirken bestehen sollte, jeder mit einer Bevölkerung von fünf bis sieben Millionen. Bestehen sollten wir vielleicht ferner darauf, daß die Grenzziehung einer gewissen Realität an historischem Hintergrund und zeitgenössischer Wirklichkeit entsprechen muß. Nach diesen Grundsätzen ist die Aufgabe (zumindest am Anfang) nicht so schwierig.

Die Fürstentümer, in die England wohl am ehesten zerfallen dürfte, sind sicher Anglia, Lancastria, London, Mercia, Northumbria und Wessex. Man muß zugeben, daß hier etliche schwierige Probleme auftreten. Sollte man

Monmouth als englisch oder walisisch betrachten? Gehört Cheshire eher zu Lancashire oder zu Shropshire? Ist Cornwall ein Teil von Wessex, ein Teil von Wales oder ein Land für sich wie Guernsey oder Jersey? Gibt es eine ausreichende Verwandtschaft zwischen Norfolk und Lincolnshire oder zwischen den beiden und Rutland? Sollte Gloucestershire in die Grenzen von Mercia oder in die von Wessex fallen? Zur Prüfung und Argumentation gibt es reichlich Spielraum, aber die hier aufgezeigten allgemeinen Gebiete – Nordosten, Nordwesten, Mittelbezirke, Osten und Süden – bilden jeweils eine Art von Einheit. Es stimmt, daß man Wessex auf einer Linie zwischen Somerset und Wiltshire, zwischen Hampshire und Dorset trennen könnte. Der westliche Bezirk würde dann aber wenig Bevölkerung haben und ohne Cornwall noch kleiner sein. Es mag daher sein, daß alles Land südlich von Themse und Severn eine einzige Region sein sollte. Am anderen Ende des Landes erstreckte sich das ursprüngliche Northumbria über beide Seiten des Penninischen Gebirges und umfaßte sowohl Yorkshire als auch Lancashire. Die schiere Größe dieser Anhäufung ist ein Hindernis gegen ihre exakte Wiederbelebung – ganz abgesehen von allen Erinnerungen an vergangene Rivalitäten im Krieg der Roten und der Weißen Rose. Diese Erwägungen legen die Bildung eines kleineren Northumbria mit York als Hauptstadt und eines reduzierten Lancastria mit Manchester als Hauptstadt nahe. Winchester könnte die Hauptstadt von Wessex werden, Peterborough die von Anglia und Birmingham die von Mercia. Diese – und vielleicht noch andere und neuere – Zentren würden das charakteristische Leben der Provinzen wiedererwecken. Für London bliebe eine herausragende Rolle, ohne daß die Stadt aber wie bisher ganz und gar eine Sonderposition einnähme. Dies ist eine Art Großbritannien, von dem Irland sich nicht für immer entfremdet fühlen müßte. Wenn Irland selbst wiedervereinigt wäre, könnte es dann schließlich neun britische Staaten geben, nur für begrenzte Zwecke zentralisiert und vor allem für ihre Verschiedenartigkeit bekannt.

Wenn eine derartige Reorganisation erfolgreich sein soll, wenn der Leerlauf in Westminster und das irrelevante Gezänk zwischen Linken und Rechten beendet werden soll, dann können wir uns einer Sache gewiß sein: Die vorbereitende Arbeit muß in den Provinzen getan werden. Es gibt in Whitehall Planer genug, aber man muß von den Graswurzeln ausgehen, wie in Schottland und Wales. Die Reaktion auf den walisischen Nationalismus ist ein englischer Provinzialismus, der unsere keltischen Nachbarn in den Grenzen dessen hält, was praktikabel ist. Zwar sind ihre Bestrebungen gerechtfertigt. Sie müssen aber bedenken, daß der alte insulare Typ des Nationalismus überholt ist und daß völlige Unabhängigkeit nicht mehr Mode ist. Die irischen Ressentiments gegen England führten – so berechtigt sie zu ihrer Zeit auch waren – zu absurden Extremen der Insularität, wie sie von keinem anderen Land wiederholt werden sollten. Die Schulkinder in Irland verschwenden bis zu zehn Stunden in der Woche mit dem Erlernen einer Sprache, die nur wiederbelebt (wenn nicht überhaupt erfunden) wurde, um die Engländer zu ärgern – eine Sprache, die sie niemals sprechen und sofort wieder vergessen werden. *Noch eine* Sprache in ein sich allmählich vereinigendes Europa einzuführen, wo die Sprachgrenzen irgendwie abgebaut werden müssen, bedeutet seine Kinder vom Anfang an auf einem Gebiet zu behindern, wo harter Wettbewerb herrscht. Als Geschäftsleute würden die Schotten einen solchen Fehler niemals begehen, den Walisern könnte es möglicherweise passieren. Die Engländer können sie vor den Fehlern des Extremismus nicht durch Überredung, sondern durch gutes Beispiel bewahren. Wenn Mercia an ihrer Türschwelle entsteht, dann werden sich die Waliser darüber klarwerden, daß ihr eigenes Maß an Autonomie nicht größer sein muß als das, was von dem in Birmingham zusammentretenden Parlament beansprucht wird.

Kapitel 7
Ein Spiel namens Monopoly

Wenn Großbritannien jemals wirksam dezentralisiert würde, dann hätten wir noch immer ein Nationalparlament in Westminster mit zwei großen Parteien als Konkurrenten im Kampf um die Ämter. Würde dieser Amtswechsel aufhören, so daß eine Partei (wie in Schweden) dauernd an der Macht wäre, dann müßten wir wahrscheinlich eine neue Verfassung entwerfen und das Land auf eine andere Weise organisieren. Zugunsten dieser Politik läßt sich natürlich allerhand ins Feld führen. Nachdem wir unsere Verfassung (oder etwas, das ihr vage ähnelt) in eine ganze Reihe von ziemlich wenig hoffnungsvollen Satelliten exportiert haben, würden wir zumindest zur Unterhaltung der Welt beitragen, wenn wir endlich zugäben, daß sie nicht mal in Großbritannien funktioniert.

Nur wenige Politiker sind jedoch bereit, ein derart schädliches Geständnis abzulegen, und die meisten von ihnen würden sich darin einig sein, daß das Parlament weiterleben muß. Während es das tut, müssen die beiden Parteien ein Spiel spielen, dem anscheinend das Cricket als Vorbild gedient hat – ein Spiel, in dem keine Spielphase endlos verlängert werden kann. Das bedeutet, daß es ab und zu eine Labour-Regierung geben muß, die sich dazu verpflichtet hat, die »Kommandohöhen« der Industrie zu erobern, ein Kabinett mit der festen Absicht, »eine substantielle Erweiterung des öffentlichen Eigentums« herbeizuführen. Der Gewerkschaftsbund stimmte 1963 für die Verstaatlichung des Straßenverkehrs, der Flugzeug-, Stahl- und Schiffbauindustrien und zumindest der größeren Werke der Elektroindustrie. Der Fortschritt auf dieses Ziel hin war langsam. Ziel bleibt es aber, den bereits in der verstaatlichten Industrie beschäftigten zwei Millionen Menschen vielleicht noch eine Million hinzuzufügen. Früher oder später müssen wir damit rechnen, daß noch mehr staatliche Monopole geschaffen, mehr Industrien zusammengelegt und in staatlichen Besitz eingebracht und andere Industrien einem zunehmenden Maß an Regierungseinmischung ausgesetzt werden.

Davon ausgehend, daß diese Politik öffentlich angekündigt und zum Teil verwirklicht worden ist, müssen wir uns über zwei Dinge klar sein. Zunächst einmal bedeutet öffentlicher Besitz noch keine Kontrolle durch die Öffentlichkeit. Die Flugzeug- oder Schiffsbauindustrie mag wohl mit unserem Gelde erworben und reorganisiert worden sein. Kontrollieren aber werden wir sie nicht. Vielmehr wird der Premierminister sie kontrollieren, wobei er sich in Angelegenheiten der Lohnpolitik den betroffenen Gewerkschaften beugt, sonst aber niemandem Rechenschaft schuldig ist – vielleicht bis auf die dahingeschiedenen Geister der sozialistischen Vorläufer Beatrice und Sidney Webb. Dem Parlament wird er keine Rechenschaft schulden, und es ist zweifelhaft, ob die Minister verpflichtet oder überhaupt berechtigt sind, das Parlament – von sehr allgemeinen Berichten abgesehen – über die verstaatlichten Industrien zu informieren. Zweitens ist der Prozeß der Verstaatlichung mehr oder weniger unwiderruflich. Die Konservativen haben schüchtern versucht, bei Stahl und Speditionen den Rückwärtsgang einzuschalten. Ein Prozeß aber, in dessen Verlauf diese oder andere Industrien wiederholt verstaatlicht und entstaatlicht werden, ist technisch nicht möglich. Wer soll denn dann, muß man gleich am Anfang fragen, die Aktien kaufen? Falls wir weiterhin zwei Parteien mit den Ansichten unserer jetzigen beiden Parteien behalten, dann wird das damit enden, daß alle Industrien mehr oder weniger verstaatlicht sind. Das nämlich ist es, was die eine Partei zu wünschen scheint und was die andere nicht verhindern oder rückgängig machen kann. Die einzige offenkundige Alternative dazu wäre, unser Experiment in Sachen Demokratie zu beenden und zu bekennen, daß es eine völlige Pleite war. Bevor wir das jedoch tun, gibt es noch eine andere Möglichkeit. Könnten wir der ganzen Bevölkerung – einschließlich der Labour Party – mit Argumenten zeigen, daß die Verstaatlichung weit genug gegangen ist? Es läßt sich argumentieren, daß man dies versuchen und damit sogar

Erfolg haben könnte: aber unter der Bedingung, daß wir nicht gegen die Verstaatlichung als solche kämpfen, sondern gegen Monopole in dieser oder in jeder anderen Form. Wir leben in einem Zeitalter der Firmenübernahmen und Fusionen, in dem große Konzentrationen industrieller Macht sich bilden, manchmal (aber nicht immer) von amerikanischem Kapital unterstützt. Können wir es wagen, die Geschäftsleute von heute aufzufordern, Monopole zu verurteilen? Können wir den Vorschlag wagen, daß Industrielle etwas so Altmodisches wie den freien Handel öffentlich unterstützen sollen? Werden wir jedenfalls sehen, wohin uns dieses Argument führen könnte?

Zwei grundlegende Methoden der Organisierung von Handel und Industrie gibt es und hat es stets gegeben. Man kann ein Monopol errichten oder zulassen, daß verschiedene Firmen miteinander in Konkurrenz stehen. Für beide Arten des Vorgehens gibt es Argumente. Sehen wir uns zuerst die Argumentation zugunsten des Monopols an. Manche früheren Monopole gab es auf den Gebieten des Königtums, der Justiz, der Kriegführung, der Heraldik, der Religion und der Postzustellung. Es war in keiner Weise unvermeidlich, das private Unternehmertum in irgendeiner dieser Richtungen abzuschaffen. Es konnte verschiedene Kandidaten für eine Krönung geben. Lords konnten ihre eigenen Gerichtshöfe und ihre eigenen Galgen errichten und benutzen. Zu einer Zeit gab es rivalisierende Päpste, und selbst heute noch gibt es rivalisierende Telegraphengesellschaften. Dennoch war man sich darin einig, daß zu viele Rechtsprechungen zur Verwirrung führen könnten. Etwas später kamen die Monopole im ostindischen Handel, der Sklavenhandel und viele andere Geschäftstypen von der Salpetergewinnung bis zur Erschließung der Hudsonbai. Für alle oder die meisten dieser Monopole ließen sich Argumente anführen. Im 18. Jahrhundert kam es jedoch zu einer Revolte gegen das Monopol im Namen des Freihandels. Die Revolte breitete sich von Amerika nach Frankreich und England aus, und in der Mitte des 19. Jahrhunderts waren die älteren Monopole zumeist abgeschafft. Die Wappenbehörde und die Handelsgesellschaft Hudsons Bay zählten zu den wenigen Überlebenden des Massakers. Neue Monopole bildeten sich aber, als die alten verschwanden. Die Kanäle, Schlagbäume und Eisenbahnen, seit ihrem Beginn durch einen parlamentarischen Erlaß kontrolliert, waren einige der ersten von ihnen. Sie exemplifizierten und beeinflußten gleichzeitig ein neues Zeitalter, in dem der Trend wieder zum Monopol ging – ein Trend, der mit der Eisenbahn begann und im Augenblick mit Weltraumfahrten und dem Digitalcomputer endet. Es gibt Dinge, die zu groß für die Handhabung durch eine Familienfirma sind, und eine Organisation, die sich aus technischen Gründen innerhalb des nationalen Rahmens erweitert, muß mit einem Monopol enden. Dafür und für die meisten Monopole gibt und gab es stets ein starkes Argument, das Argument der menschlichen Sicherheit. Wir statten die Krone, den Galgen, die Artillerie, die Eisenbahn und die Fluggesellschaft mit einem Monopol aus und erklären dies damit, daß die Alternativen außerordentlich gefährlich sein könnten. Die große Ausnahme im technischen Trend des Zeitalters ist das Automobil, ein Ausdruck des zügellosen Individualismus. Die daraus resultierenden Verluste sind sehr schwer. Individuelle Freiheit läßt sich nicht von Gefahr trennen. Das Argument gegen die Freiheit ist das Argument für die Sicherheit.

Manche Monopole sind technisch, finanziell oder sogar ästhetisch wesentlich. Gegen alle anderen Monopole aber gibt es Argumente. Sie beruhen auf der Freiheit des Individuums, zu wählen. Wenn der Lebensmittelhändler sich seinen Kunden gegenüber grob benimmt, dann gehen die zu einem anderen Krämer, und er ist ruiniert. Also müssen Lebensmittelhändler höflich sein – jedenfalls höflicher als Beamte eines Arbeitsamtes. Im Zuge der Verteidigung individueller Freiheit schafften wir also einige Monopole auf den Gebieten von Religion, Erziehung, Politik und Handel ab. Bei der Religion hatte man zugunsten eines Monopols sagen können, daß unterschiedliche Doktrinen zu Blutvergießen führen könnten, was ja auch oft vorkam. Andererseits entwickelt jede menschliche Institution eine Tendenz, ihre eigenen Interessen und die ihrer Mitglieder zu verfolgen. In dieser Hinsicht gibt es wenig Unterschiede zwischen der Juristenvereinigung und dem Hauptquartier der Labour Party, zwischen der Vereinigung Britischer Mediziner und der Anglikanischen Kirche, zwischen dem Winchester College und dem Gewerkschaftsbund. Eine Institution ist dazu da, nach eigenem Gutdünken zu handeln, und wird nur durch das Wissen kontrolliert, daß der Kunde woanders hingehen könnte.

Monopole gedeihen dort, wo der Kunde eben nicht woanders hingehen kann.

Wo es ein Monopol gibt, kann dies das Ergebnis einer bewußten Politik sein. Ebensooft kann es das Ergebnis dessen sein, daß eine Organisation ihre optimale Größe in einem nationalen Rahmen erreicht, der vielleicht zu klein ist, um ökonomisch zu sein. Was immer aber ihr Ursprung ist, es gibt Monopole, und eine Gruppe von ihnen kann die Wirtschaft jedes beliebigen Landes leicht dominieren. Eine solche Gruppe kann einen ökonomischen Staat innerhalb des politischen Staates bilden, wobei dann die eine Clique über das Geld und die andere über die Regierung verfügt. Diese Position ist – wie wir in Malaysia sehen – zu labil, um dauerhaft zu sein. Gegen ihre Labilität gibt es zwei mögliche Kuren. Entweder übernimmt die Regierung die Monopole, oder die Monopole übernehmen die Regierung. Wenn die Stahlindustrie ein solches Monopol wäre, dann könnten wir zulassen, daß (beispielsweise) der Konzern Thomas & Baldwin Großbritannien regiert und für diesen Zweck einen seiner Direktoren abstellt. Oder aber wir können (wie wir es getan haben) Thomas & Baldwin verstaatlichen und damit die Familie Baldwin dem Kabinett fernhalten. Durch eine Verstaatlichung der Stahlindustrie beenden wir – wie die Minister der Labour Party es getan haben – die Gefahr, daß aus einer Firma wie Birmingham Small Arms ein neuer Chamberlain hervorgeht. Das sind im wesentlichen die Alternativen, die von den Konservativen und den Sozialisten geboten werden.

Die konservative Lösung können wir nicht akzeptieren, weil sie deutlich versagt hat. Die Chamberlains konnten Birmingham regieren. Es war aber eine Katastrophe, sie vom Stadtrat zur Downing Street zu versetzen. Befassen wir uns also mit der sozialistischen Lösung, der Verstaatlichung. Sie hat, wie wir gesehen haben, eine logische Basis. Vor die Alternative gestellt, Whitehall durch Birmingham oder Birmingham durch Whitehall regieren zu lassen, würden viele von uns das Whitehall-Regime als das etwas kleinere von zwei Übeln wählen. Die Enthusiasten der Verstaatlichung aber würden es eher als etwas positiv Gutes, als eine Quelle des Glücks und des Frohsinns ansehen. Während das Leben bei der Gasgesellschaft für Großkleckersdorf einst langweilig und öde war, begann mit dem Tage der Verstaatlichung ein neues Leben für jedermann. Die Monteure und Zählerableser tanzten um die Instrumente und jauchzten: »Heididel-dumdei!« Die Haushaltsvorstände und ihre Familienmitglieder empfanden – und empfinden noch immer – eine sentimentale Zuneigung für das Ministerium für Stromerzeugung, für die es in der Geschichte kein früheres Beispiel gibt. Die alte Tretmühlenexistenz ist vorüber, und wenn wir nicht sterben, dann können wir alle ewig glücklich weiterleben. Was die Fakten angeht, sind wir vielleicht unserer Sache nicht ganz sicher, aber so lautet jedenfalls die Theorie. Und selbst Leute mit weniger großem Enthusiasmus argumentieren, daß eine verstaatlichte Industrie bessere Leistung bringen, höhere Löhne zahlen und dennoch einen Profit abwerfen sollte.

Welche Gründe bringen sie zu einem solchen Glauben? Nun, sie können zunächst einmal auf die Traditionen des Dienens verweisen, die einigen der von uns zuerst verstaatlichten Institutionen Stärke verliehen haben: die Kriegsmarine, die Armee, der diplomatische Dienst oder die Leuchtturmverwaltung in Trinity House. Sie können auf andere Monopole hinweisen, die seit langer Zeit dem öffentlichen Interesse gedient haben: die Bank von England, die großen Krankenhäuser, die Rundfunkgesellschaft BBC oder meinetwegen auch der Cricket Club von Marylebone. Als nächstes können sie auf die Erfolge – soweit vorhanden – der Britischen Eisenbahn, der Nationalen Kohlenbehörde, der Elektrizitätsverwaltung und der Atomenergiebehörde verweisen. Sie können aufzeigen, daß Monopole ihre Meriten haben. Sie können ferner argumentieren, daß Verstaatlichung und Monopole nicht unbedingt zusammengehören. In den Worten Harold Wilsons ausgedrückt »läßt sich viel für die Schaffung konkurrierender Fabriken im staatlichen Besitz sagen«. Dennoch ist es möglich aufzuzeigen, daß diese Argumente trügen.

Beschäftigen wir uns zunächst einmal mit den Traditionen des Dienens. Warum sollten wir unsere verstaatlichten Industrien nicht mit all den stolzen Traditionen ausstatten, die wir mit der Gardebrigade verbinden? Warum sollte der Grundschullehrer nicht den gleichen Korpsgeist haben wie die Königliche Berittene Artillerie? Warum sollten die Männer der Elektrizitätsverwaltung nicht ebenso stolz einherschreiten wie die Königliche Marineinfanterie? Dazu läßt sich nur sagen, daß sie das eben nicht tun. Wenn es ein verstaatlichtes Monopol mit alter und stolzer Tradition gibt, dann ist es die Königliche Post. Die Post verbindet Altertümlichkeit mit königlicher Schirmherrschaft, eine Vielfalt von Funktionen mit einer fast erregenden Modernität der Ausrüstung. Die Postbeamten sind aber – wie einige Ereignisse aus ziemlich junger Vergangenheit gezeigt haben – der Krone gegenüber nicht ganz so loyal wie ihren eigenen Gewerkschaften gegenüber. Sie bringen es sogar fertig, die Art der von ihnen zu verteilenden Post in Frage zu stellen – genau wie Hafenarbeiter den Bestimmungsort der von ihnen gehandhabten Transportgüter in Frage stellen. Bei den Waffengattungen aber gibt es so etwas nicht. Der Bomberpilot zweifelt nicht die Politik der totalen Zerstörung ganzer Bezirke durch Massenbombardements an. Der Gardeoffizier bestreitet nicht die Notwendigkeit einer Verteidigung der Bank von England. Er führt lediglich die Befehle aus, die ihm ein höherer Offizier erteilt hat. Es ist zweifelhaft, ob die Direktoren der Postabteilungen über einen vergleichbaren Gehorsam verfügen können, obwohl ihre Autorität viel größer sein muß als die von irgend jemand (etwa) in der Nationalen Kohlenbehörde. Es gibt kaum Gründe für die Annahme, daß die verstaatlichten Industrien sich für ihre Art des Dienens nach militärischen Vorbildern wie Whale Island oder Aldershot richten werden. Erheblich mehr Gründe gibt es für die Befürchtung, daß die Waffengattungen ihren Ton aus den Bergwerken beziehen werden. Es hat schon »Streiks« an Stellen gegeben, wo man sie am wenigsten erwartete.

Die Verteidiger der Monopole berufen sich auf den Erfolg der verstaatlichten Industrien. Es ist jedoch fraglich, ob ihr Erfolg bewiesen worden ist. Die Bergwerke wurden 1947 von der Nationalen Kohlenbehörde übernommen und machten 1962 erstmalig einen kleinen Profit. Die britische Verkehrskommission kontrolliert die Eisenbahnen und verwandte Dienste, die 1948 verstaatlicht wurden und seitdem ständig nur ein Verlustgeschäft gewesen sind, wobei die Verluste für 1962 dreimal so hoch waren wie die für 1958. Man sagt uns, daß es gerechtfertigt sei, wenn verstaatlichte Industrien einen Verlust aufweisen. Sie werden mit der Post verglichen, die eine öffentliche Aufgabe wahrnimmt und nicht als kommerzielles Unternehmen beurteilt werden darf. Man mag mit dieser Argumentation nicht zufrieden sein. Selbst wenn wir ihre Gültigkeit akzeptieren, können wir aber zu der fairen Schlußfolgerung gelangen, daß es eine obere Grenze für die Verluste gibt, deren Ausgleich man von uns erwarten kann. Wir können nicht die Zahl der steuerzahlenden Industrien unbegrenzt weiter reduzieren und von Jahr zu Jahr die Anzahl jener erhöhen, die vom Rest getragen werden müssen. Liebhaber der Verstaatlichung könnten uns an dieser Stelle daran erinnern, daß die mehr oder weniger bankrotten Industrien zuerst verstaatlicht wurden. Das stimmt schon, aber *alle* verstaatlichten Industrien haben die Tendenz, bankrott zu gehen. Das kann auch gar nicht anders sein, denn je mehr eine Industrie mit der Regierung identifiziert wird, desto weniger Chancen hat sie, an den Löhnen und Gehältern zu sparen.

Warum? Weil jede als überflüssig entlassene Arbeitskraft ein Wähler ist. Jeder zusätzlich eingestellte Mann ist ebenfalls ein Wähler. Also möchte jede Partei Leute einstellen, während sie an der Macht ist. Sie zögert Personalverminderungen hinaus, weil sie dies als eine Aufgabe ansieht, die sich besser für die Opposition eignet, wenn diese an der Reihe ist, die Regierung zu übernehmen. Unter unserem System der parlamentarischen Regierung haben die verstaatlichten Industrien also einen eingebauten Trend zum Bankrott. Auch läßt sich dieser Trend nicht ohne weiteres umkehren.

Was schließlich sollen wir von dem Argument halten, daß sich eine verstaatlichte Industrie im Wettbewerb mit der privaten Industrie aufbauen läßt? Das ist ein attraktiver Vorschlag, und unser erster Instinkt (als Monopolgegner) könnte uns zu der Bemerkung verlocken: »Eine gute Idee!« Die meisten Leute würden zugeben, daß die BBC als Ergebnis der Einführung der kommerziellen Fernsehgesellschaft ITV besser geworden ist. Daraus kann man schließen, daß die ITV – wenn sie die ältere Organisation gewesen wäre – durch die Schaffung der BBC als Rivalin besser geworden wäre. Wo es, wie in der Filmindustrie, Monopole in privatem Besitz gibt, wäre die Bildung von Organisationen öffentlichen Besitzes ein Mittel, um die Art von Wettbewerb zu fördern, die wir brauchen. Die Theorie ist attraktiv. Wie aber ist es mit der Praxis? Die Erfahrung lehrt, daß die Regierung nicht fair spielt (und dies auch wahrscheinlich gar nicht kann). Die Kraftstoffindustrien geben uns die Möglichkeit eines klassischen

Tests. Wir wissen heute, daß sogar die Konservativen Heizöl mit einer hohen Steuer belegten, um die Interessen der Nationalen Kohlenbehörde zu schützen. Dies wurde irgendwann einmal öffentlich zugegeben. Die Regierung glich das dadurch aus, daß sie den halb verstaatlichten Sektor der Filmindustrie halb erwürgte. Warum diese scharfen Unterschiede in der Haltung? Warum müssen jedesmal wieder die falschen Entscheidungen getroffen werden? Die Erklärung muß darin liegen, daß die Nationale Kohlenbehörde jetzt ein Teil der Regierungsstruktur ist und damit durch die Wählerstimmen ihrer Bediensteten geschützt wird, während die Zahl der Wähler in der Filmproduktion minimal ist. Wenn aber schon die Konservativen nicht fair spielen konnten, wieviel weniger dürfen wir dann von den Sozialisten erwarten – denen die Idee des Wettbewerbs von Anfang an nicht heilig war? Anscheinend wird der faire Wettbewerb zwischen Unternehmungen im staatlichen und im privaten Besitz immer mit einer Monopolbildung enden. Die Regierung muß als Arbeitgeber die Ihrigen schützen – vorausgesetzt, daß Wählerstimmen auf dem Spiel stehen –, und man kann ihr die Rolle eines Schiedsrichters nicht anvertrauen.

Die Argumente für Monopole sind in jedem Fall wackelig. Es gibt aber auch Gegenargumente. Einige davon sind so offenkundig, daß man sie nicht eigens betonen muß. Es lohnt sich aber, drei Argumente zu erwähnen, die vielleicht weniger vertraut sind. Zunächst einmal steht das verstaatlichte Monopol vor einem ewigen Dilemma. Ist es ein öffentlicher Dienst oder ist es ein kommerzielles Unternehmen? Ist es ein Teil der Regierung oder ist es eine Sache für sich? Wenn man es zu einem Teil der Regierung macht, dann wird es bald ein Verlustgeschäft sein. Die Regierung kann ihre Bediensteten nicht entlassen, ohne Stimmen zu verlieren. Sie kann aber Wählerstimmen kaufen, indem sie Arbeitsplätze oder sogar Pfründen bietet, und dies ist auch oft geschehen. Nehmen wir einmal an, man würde die entgegengesetzte Politik einschlagen. Die Britische Eisenbahn muß auf ihren eigenen Rädern stehen. Die Nationale Kohlenbehörde muß mit der Konkurrenz des Heizöls fertig werden – und sogar mit der Konkurrenz importierter Kohlen. Das erste Ergebnis wäre, daß man den Leuten nicht einmal mehr vortäuschen würde, zum öffentlichen Besitz gehöre auch öffentliche Kontrolle. Wie könnte es anders sein? Das Parlament kann die Eisenbahnpolitik festlegen, der Minister kann ihre Frachttarife und Fahrpreise kontrollieren – aber nur unter der Voraussetzung, daß es Verluste geben kann und wahrscheinlich auch geben wird. Der Minister kann den Direktoren nicht sagen, sie sollten dies oder jenes tun und trotzdem noch einen Profit machen. Wenn wir erst einmal entschieden haben, daß die Geschäftsleitung eine ausgeglichene Bilanz schaffen oder einen bescheidenen Profit vorzeigen soll, dann müssen wir den Direktoren auch freie Hand dabei geben.

Tatsächlich garantiert unsere Form der repräsentativen Regierung nicht einmal, daß die Frage schnell entschieden wird. Sie bietet uns vielmehr zwei konkurrierende Arten des Vorgehens an. Die Konservativen werden dabei bleiben, daß eine verstaatlichte Industrie für sich selbst aufkommen muß oder jedenfalls keine Defizite haben darf. Um dies zu ermöglichen, würden sie zur Not sogar das freie Unternehmertum mit Strafen belegen. Die Sozialisten hingegen werden sagen, daß verstaatlichte Industrien Verluste machen können und daß das daraus resultierende Defizit nichts ausmacht. Auf lange Sicht wird sich die sozialistische Politik durchsetzen. In der Realität hat sie schon begonnen, sich durchzusetzen, da von Jahr zu Jahr höhere Verluste gemeldet werden. Subventionsleistungen an die verstaatlichte Industrie haben bei der Behinderung unserer ganzen Volkswirtschaft keine geringe Rolle gespielt.

Monopole, ob verstaatlicht oder nicht, haben noch einen anderen Nachteil. Eine Organisation kann nämlich schon allein durch ihre Größe behindert werden. Nehmen wir als Beispiel dafür eine der größten Fusionen unserer Zeit – die Fusion, die zur Bildung des Verteidigungsministeriums führte. Bei dem vorherigen System der separaten Ministerien für die Waffengattungen hatten wir hier drei verstaatlichte Dienste, die in Sachen Personal und Geld in direktem und in Geschäftsangelegenheiten in indirektem Wettbewerb zueinander standen. Die Regierung des Tages beschloß eine Fusion und imitierte damit das Pentagon – wo das gleiche Experiment sich übrigens als ein sehr auffälliger Fehlschlag erwiesen hat. Schon im ersten Jahr erhöhten sich die Verwaltungskosten enorm. Wir haben einen offensichtlichen und dringenden Bedarf an Infanterie, uns fehlen aber die historischen und berühmten Regimenter, zu deren Auflösung wir töricht genug waren. Anstelle von Bajonetten haben wir Büroangestellte und Registriersysteme, Memoranden von einer Dienststelle zur anderen und Tassen Tee. Angesichts einer endlosen Serie von leicht vorhersehbaren Krisenfällen war es unsere Politik, eine Mammutzentrale zu schaffen, von der aus wir die Bewegungen von Truppen kontrollieren, die wir nicht mehr haben, und von Kreuzern, für die wir nicht einmal mehr eine Besatzung haben. Nach noch einer oder zwei Krisen werden der nächste hysterische Mob oder die nächsten Unruhestifter mit unserer letzten strategischen Reserve konfrontiert. Das wird dann wahrscheinlich die königliche Leibgarde sein.

Von der Frage ihrer Größe einmal ganz abgesehen, lassen sich Monopole nicht in Einklang mit der Form der repräsentativen Regierung bringen, die wir aufgebaut haben und bei der wir zu bleiben versuchen. Wenn die Monopole nämlich erst einmal mit der Regierung identifiziert und nur noch die Werkzeuge der offiziellen Politik sind, dann ist schnell der Punkt erreicht, an dem die Regierung schon Arbeitgeber einer Mehrheit der Wählerschaft ist. Dies bringt eine Veränderung der ganzen Natur sowohl der Regierung als auch der Gesellschaft mit sich. Es bedeutet, daß Angestellte des Staates im Effekt über ihre eigenen Dienstbedingungen abzustimmen haben. An diesem Punkte haben wir die Wahl zwischen Diktatur und Zusammenbruch.

Kapitel 8
Autorität und Führung

Unsere Ideen über die Autorität haben ihren Ursprung in dem Verhältnis zwischen Vater und Kindern, was durch die Ausdrücke des Respekts in fast jeder Sprache bewiesen wird. Bei den Menschen sind die Jungen lange Zeit von ihren Eltern abhängig. Der Vater ist so viele Jahre lang Beschützer und Lehrer, daß der Gehorsam, den er fordern muß, zur Gewohnheit wird und auf Generationen hinaus eine Haltung des Respekts gegenüber dem Alter als solchem erzeugt. Auch die Mutter zeigt eine solche ehrerbietige Haltung. Die Beziehung des Vaters zu ihr ist jedoch komplexer, denn das Überleben der Sippe oder des Stammes hängt mehr von den Frauen ab als von den Männern. Im allgemeinen erstreckt sich die Herrschaft des Vaters jedoch auf die ganze Gruppe, und die Unterordnung der Kinder beruht fest auf gesundem Menschenverstand und Tradition. Ihre Haltung zur Autorität setzt sich aus drei verschiedenen Elementen zusammen:

Staunen über das größere Wissen und Können des Vaters, Zuneigung für jemanden, der zumindest daran interessiert ist, das Weiterleben des Kindes sicherzustellen, und Furcht vor der Strafe wegen Ungehorsams. Zusammen rufen diese drei Elemente ein Gefühl der Sicherheit hervor. Ganz besonders wesentlich ist das Element der Furcht. Wenn das Kind seinen Vater nicht fürchtet, dann kann es nämlich kaum annehmen, daß sein Vater von irgend jemand anders gefürchtet wird. Was aber ist der Schutz eines Mannes schon wert, den niemand fürchtet?

Wenn die Gemeinschaft größer wird, wandelt sich die Idee der Vaterschaft zu der des Königtums. Seit frühen Zeiten hat es zwei Typen der Monarchie gegeben, die mobile und die statische. Bei einem ständig weiterziehenden Hirtenstamm ist der König der Führer. Er bestimmt den Weg, wählt den Tag einer Unternehmung aus und gibt den Lagerplatz an. Bei einem Landwirtschaft treibenden Volk ist der König eher ein Priester, der sich bei den Göttern dafür einsetzt, daß es zu den passenden Zeiten Sonnenschein und Regen gibt. Es gibt in unserer Welt noch Raum für beide Typen der Autorität. Während des Zweiten Weltkrieges war Lord Montgomery der Typ des Führers im Felde. Im Gegensatz zu ihm sah man Lord Alanbrooke selten, weil seine Autorität hinter den Türen des Heeresministeriums wirksamer war. Der eine war erforderlich, um die unmittelbaren Anweisungen zu erteilen, der andere, um sich oben dafür einzusetzen, daß das Heer seinen angemessenen Anteil der zur Verfügung stehenden Personalreserven bekam. Beide Typen der Autorität haben die gleiche entfernte Herkunft, und beide bestehen aus einer Mischung von Ansehen und Macht. Wo das Ansehen verlorenging, verschwindet die Macht auch bald. Wo die Macht verschwand, kann das Ansehen nicht überleben. Die Welt ist voll von hochklingenden Titeln, denen jeder Sinn entzogen wurde. Dies war jedoch immer so. Neu ist lediglich unser gegenwärtiger Zweifel daran, ob die Autorität überhaupt überleben kann.

Die erste Schwächung der gegenwärtigen Autorität ergab sich aus der weiblichen Revolution, die nach etwa 1900 in Großbritannien und den USA stattfand. Aus Röcken wurden Hosen, Frauen durften studieren und wählen, und die Geschlechter sollten in fast jeder Beziehung gleich sein. Die Revolution endete aber mit Kompromissen und Konfusion. Nachdem man ihnen Gleichheit auf den Gebieten einräumte, wo sie zuvor unterwürfig waren, blieben die Frauen auf jenen Gebieten überlegen, wo ihre Überlegenheit von jeher anerkannt worden war. Der Herr mochte vielleicht kein Herr mehr sein, aber die Dame blieb eine Dame. Ergebnis war, daß (besonders in den USA) der Gatte am Ende der Unterlegene war. Verloren ging die Ehrerbietigkeit der Frau dem Gatten gegenüber – jene Weisheit, die sie dazu veranlaßte, öffentlich eine männliche Entscheidung zu akzeptieren, die durchaus das Ergebnis ihres zuvor privat erteilten Rates gewesen sein mochte. Die Frauen haben vergessen, wie man offene Unterwerfung anbietet und sich als Gegengabe einen häufig genug entscheidenden Einfluß sichert.

Das Nachspiel dieser veränderten Einstellung ist, daß

die Frau ihre Kontrolle über die Kinder verloren hat. Die viktorianische Frau benutzte die Autorität ihres Gatten, um die Kinder zur Ordnung zu rufen – eine Autorität, die sie durch ihr eigenes Beispiel kalkulierter Ehrerbietigkeit gestärkt hatte. Die moderne Frau versucht mit den Kindern rational zu argumentieren, wodurch diesen Kindern vom Beginn an die nötige Sicherheit fehlt. Am Ende hofft sie dann, daß die Schule jene Disziplin erzwingen wird, an der es zu Hause gemangelt hat. Dies erweist sich als unmöglich, weil das Gefühl für Autorität vor dem Alter von fünf Jahren geschaffen sein muß und möglicherweise sogar vor dem Alter von drei Jahren. Schulen können in dieser Hinsicht allzu wenig tun, und Universitäten können natürlich überhaupt nichts tun. Das Resultat ist, daß wir in der öffentlichen und kommerziellen Administration mit der Notwendigkeit konfrontiert sind, jungen Leuten eine Art von Autorität aufzuerlegen, die vielleicht nie irgendwelche Disziplin gekannt haben. Dies ist keine leichte Aufgabe, und wir kommen notgedrungen manchmal zu dem Gefühl, daß unser Scheitern unvermeidlich ist.

Dieses Gefühl der Hoffnungslosigkeit liegt dem gegenwärtigen Gerede über Gruppenentscheidungen zugrunde. *Brauchen* wir Disziplin überhaupt? Vielleicht ist es die bessere Methode, eine Mehrheit durch Abstimmung zu ermitteln? Sind wir denn überhaupt so sicher, daß ältere Leute weiser sind als die jungen? Es ist heute Mode, die Jungen zusammenzurufen und den Rat jener zu erbitten, deren Karrieren noch kaum begonnen haben. Der Himmel möge verhüten, daß man uns für mürrisch und despotisch hält! Auch müssen wir einander daran erinnern, daß der technologische Trend gegen die Ansprüche der Seniorität läuft. Bedeutsame Veränderungen der benutzten Methoden kamen früher etwa alle 30 Jahre vor. Jede Generation konnte von der vorigen lernen, ihren eigenen Beitrag leisten und dann mit weiteren zehn Jahren überlegener Kenntnisse und hochgeschätzter Erfahrung rechnen. Die Veränderungen sind jetzt häufiger geworden und finden jedes Jahrzehnt statt. Der Wert der Erfahrung wird daher fragwürdig. Seniorität kann unter Umständen bedeuten, überholt und nicht mehr auf dem laufenden zu sein. Die jüngeren Männer haben den Computer-Kursus besucht, und die gegenwärtigen Direktoren verstehen vielleicht nicht einmal die Terminologie. Außerdem ist es zweifelhaft, ob die Technologen von heute auf irgendeine Art von Führung reagieren. Sie werden von ihrer eigenen elektronischen Welt in Anspruch genommen und sind nicht in der Lage, mit jenen zu kommunizieren, die nicht die gleiche Art von Polytechnikum besucht haben. Viele glauben, daß es einmal eine Zeit gab, in der geführt werden mußte, daß diese Zeit aber vorbei sei. Für ein Königtum, so behaupten sie, gibt es in der heutigen Welt keinen Platz.

Dieses Argument mag plausibel sein, beruht aber auf Bedingungen der Hochkonjunktur und eines Verkäufermarktes. Wie wird es aber sein, wenn die Dinge schlecht laufen? Werden wir *dann* über Gruppenentscheidungen reden? Man muß daran denken, daß Autorität zuerst und vor allen Dingen ein Gefühl der Sicherheit mit sich bringt.

Der Matrose an Bord des Schiffes schläft während seiner Wache unten in dem Wissen, daß der Offizier auf der Brücke wachsam und tüchtig ist. Er würde unruhiger sein, wenn er bedenken müßte, daß das Auftauchen eines anderen Schiffes auf Kollisionskurs den Anlaß dazu gäbe, eine Ausschußsitzung einzuberufen und jedes Mitglied nach seiner wohlüberlegten Meinung zu fragen. Der Soldat im aktiven Dienst kann ebenso ruhig schlafen, weil er davon ausgeht, daß die Wachtposten aufgestellt worden sind und daß ein Offizier die Wachen kontrolliert. In einem Industriebetrieb ist es durchaus nicht so sehr verschieden. Seine Sicherheit hängt von einer ganzen Reihe von Maßnahmen ab, und der Arbeitgeber verläßt sich darauf, daß die Geschäftsleitung für deren richtige Ausführung sorgt. Ohne ein gewisses Maß an Autorität kann eine Eisenbahnlinie oder ein Bergwerk der echten Katastrophe entgegensteuern. Andere Einrichtungen sind Risiken weniger ausgesetzt, da ihre potentiellen Gefahren mehr finanzieller als physischer Art sind. Das bedeutet aber nicht, daß es kein Risiko gibt oder daß dieses sich nicht scharf erhöhen könnte. Wie aber können wir dann innerhalb von Augenblicken das wieder herbeizaubern, was wir lange Zeit als wertlos abgetan haben?

Manche Leute glauben, Führungseigenschaften seien etwas, was man schon bei der Geburt habe oder nie bekomme. Diese Theorie ist falsch, denn die Kunst des Führens kann man sich aneignen, sie ist in der Tat lehrbar. Diese Entdeckung wird in Kriegszeiten gemacht, und die damit erzielten Ergebnisse können sogar die Lehrmeister überraschen. Vor die Alternative gestellt, links oder rechts zu gehen, begreift jeder Soldat bald, daß eine prompte Entscheidung für eine der beiden Möglichkeiten besser ist als eine endlose Diskussion. Eine schnelle, feste Entscheidung über die Richtung hat die Chance von fünfzig zu fünfzig, richtig zu sein, während Nichtstun fast mit Sicherheit falsch ist. Von dieser Prämisse ausgehend, lernt der potentielle Führer es bald, sich zu entscheiden. Dann muß er noch dafür sorgen, daß seine Aktion auf gesundem Menschenverstand basiert. Wenn er diesen Punkt erreicht hat, muß der zukünftige Offizier seine Autorität überzeugend und akzeptabel machen. Es gibt da eine anwendbare Technik, die wir zuversichtlich beschreiben können. Die Geheimnisse des Führens müssen von jeder Generation neu entdeckt werden, sind aber an sich einfach genug. Es gibt sechs Grundelemente. Sie alle kann man sich durch Studium und Praxis aneignen oder verbessern.

Das erste Element ist Vorstellungsvermögen. Wenn etwas geschaffen, konstruiert, bewegt oder reorganisiert werden soll, dann muß der verantwortliche Mann ein klares Bild in seinem Kopf davon haben, wie das Endergebnis aussehen soll. Ein solches im geistigen Auge geformtes Bild ist eine Zusammensetzung von Dingen, die wir woanders und bei anderen Gelegenheiten tatsächlich gesehen, jetzt aber in einem anderen Kontext neu arrangiert haben. Wenn er den Befehl über ein noch nicht bemanntes neues Schiff übernimmt, dann wird sich ein Offizier das von ihm gewünschte Endergebnis in Kategorien der Leistungsfähigkeit vorstellen. Er entsinnt sich an alles, was nach seinen früheren Erfahrungen gut war, und kombiniert das alles zu einer geistigen Vorstellung. Die Realität mag ganz anders sein, aber er hat zumindest mit einer Idee von dem begonnen, was er zu tun versucht. Vorstellungsvermögen ist wesentlich und steht an erster Stelle, da wir ohne Imagination ziellos sind.

Das zweite Element ist Wissen. Dies ist offensichtlich notwendig, um die Route zu planen, auf der das Ziel erreicht werden soll. Das Wissen ist es aber auch wieder, das dem Führer das notwendige Selbstvertrauen gibt, das Gefühl, daß er weiß, wovon er spricht. Die Welt ist voller Leute in verantwortlichen Positionen, die von ihren eigenen Angelegenheiten nichts verstehen, möglicherweise als Resultat zu rascher Beförderung, möglicherweise aus reinem Mangel an Intelligenz. Es fällt ihnen schwer, sich den Respekt der technisch Fähigen zu sichern. Sie neigen dazu, sich gefährdet und unsicher zu fühlen. Um ihre Schwäche sich selbst gegenüber auszugleichen, neigen sie zu Nörgeleien über angebliche Fehler, zu schlechter Laune, zu Gebrüll und Beschimpfungen. Andere mögen das alles einer schlechten Verdauung oder einer zänkischen Ehefrau zuschreiben. Tatsache ist jedoch, daß der Tyrann sein eigenes unbewußtes Motiv hat. Er weiß, daß in seinem Büro häufig Fehler vorkommen werden – wie in jedem Büro, in dem er erschienen ist –, und möchte im voraus beweisen, daß die Schuld bei anderen und nicht bei ihm liegt. Alle seine Untergebenen sind unloyal, achtlos, träge und beschränkt. Seine Kollegen sind unfähig, neidisch, rechthaberisch und blind. Seine Vorgesetzten sind leider unfähig,

Verdienste dort zu erkennen, wo es sie gibt. Kann sich irgend jemand darüber wundern, daß Dokumente verlorengehen, daß Briefe nicht abgeschickt werden, daß Termine vergessen und Aktennotizen ignoriert werden? Der Himmel weiß, daß er sein Bestes getan hat, aber schließlich kann er ja nicht überall zur gleichen Zeit sein, und es gibt sonst niemanden, auf den er sich verlassen kann. Unfähigkeit dieses Schlages ist oft (wenn auch nicht immer) auf die grundlegende Ignoranz des Mannes zurückzuführen. Er weiß buchstäblich nicht, was er zu tun versucht.

Wissen ist also wichtig. Das gleiche läßt sich über das dritte Element sagen, die Fähigkeit. Dieses Wort müssen wir definieren, wobei es gilt, einen scharfen Unterschied zwischen Fähigkeit und Geschick zu machen. Die geschickte Person ist jemand, der mit relativer Mühelosigkeit etwas vollbringen kann, was andere schwierig finden. Er kann Cello spielen oder große sportliche Erfolge erzielen. Wenn wir über solches Geschick hinausgehen, dann müssen wir beim Organisieren der Arbeit von anderen – wie beim Dirigieren eines Orchesters oder der Führung eines Teams im Sport – Fähigkeit zeigen. Unser eigenes Können (das hervorragend sein sollte) ist jetzt weniger wichtig als unsere Fähigkeit, andere zu leiten. Der fähige Mann ist einer, der die ganze Situation unter Kontrolle hat. Unter ihm ist jedem Mann die Aufgabe zugeteilt worden, für die er sich am besten eignet, und jeder weiß genau, was er tun soll. In Fabrik oder Büro macht sich eine gewisse Geregeltheit und ein starkes Gefühl für den sparsamen

Umgang mit Zeit, Geld und Anstrengungen spürbar. Was den fähigen Mann aber vor allem prägt, ist der Stempel des Künstlerischen, des Stils. Gute Organisation ist letztlich eine ästhetische Übung – das In-Einklang-Bringen von Material und Anstrengungen auf eine solche Weise, daß niemand überarbeitet und niemand beschäftigungslos ist. Mitten im Zentrum der täglichen Aktivitäten der Organisation befindet sich ein Gebiet der Ruhe, wo der Fähigste von allen frei ist von Irritierung oder Panik.

Nur ganz gelegentlich taucht in der Welt eine Person mit außergewöhnlichem Können oder Fähigkeiten und der zusätzlichen Eigenschaft der Weitsicht auf, die wir Vision nennen möchten. Dies ist ein Genie, wovon es nur sehr wenige gibt auf der Welt. Je mehr wir jedoch fähige Leute »heranzüchten« und ausbilden können, desto gewisser wird es, daß einige von ihnen exzeptionell sein werden. Je größer wiederum die Zahl dieser außergewöhnlich Fähigen ist, desto größer wird die Wahrscheinlichkeit, daß einer von ihnen außerdem noch die Eigenschaft der Weitsicht, der Vision besitzt. Normalerweise reicht Fähigkeit aus, aber gelegentlich bietet die Welt Spielraum für Visionen. Allzu häufig fehlt sie jedoch gerade dann und dort, wo sie benötigt wird. Vielleicht brauchen wir ein System, um das bißchen Genialität, das zur Verfügung steht, richtig einzusetzen. Ein solches System könnte allerdings wiederum nur ein Genie ausarbeiten.

Die nächste (zum Führen) erforderliche Eigenschaft ist Entschlossenheit. Dies ist mehr als der grimmige Entschluß, erfolgreich zu sein. Man kann diese Eigenschaft in drei

Elemente zerlegen. Das erste und für die anderen beiden Elemente Unerläßliche ist das Wissen, daß die angestrebte Aufgabe im Bereich der menschlichen Möglichkeiten liegt. Der General, der eine ausreichende Zahl von Truppen ausgerüstet und ausgebildet hat und sie mit dem richtigen Nachschub versehen zur richtigen Zeit an den richtigen Ort geschafft hat, weiß, daß der Sieg in seiner Reichweite liegt. Wenn er genügend entschlossen ist, fügt er diesem Wissen den Glauben hinzu, daß alles, was geschafft werden kann, auch geschafft werden wird. Schließlich muß er dann noch über die Fähigkeit verfügen, seine Zuversicht auf alle anderen zu übertragen. Er muß das zu erringende Ziel so beschreiben, daß es lohnend erscheint. Im Lichte seiner Beschreibung müssen die Opfer nichtig, die wahrscheinlichen Verluste trivial wirken. Mit Sicherheit wird der Rest des Teams seine Inspiration aus dieser Haltung ruhiger Sicherheit beziehen. Für Kriegsgegner oder Geschäftsrivalen werden seine Anhänger so etwas wie Mitleid empfinden. Wenn ihre Gegner doch nur wüßten, daß ihre Opposition fruchtlos, ihr Untergang schon beschlossene Sache ist! Nichts kann sie jetzt noch davor bewahren, ausmanövriert, ausflankiert, zu Boden gekämpft, desorganisiert, auseinandergesprengt und zerstreut zu werden.

Der nächste Faktor ist einer, den viele Leute heute nicht bereitwillig akzeptieren werden: Rücksichtslosigkeit. Manche würden ihn gern durch ein Diplom in Industriepsychologie ersetzen. Alle Erfahrung lehrt, daß der wirksame Führer den Unloyalen, den Achtlosen und den Trägen gegenüber mitleidslos sein muß. Wenn er das nicht ist, dann wird die Arbeitsbelastung für die Willigen zu groß. Das Gefühl, zu einer ausgewählten Mannschaft zu gehören, geht in einer Organisation, der die Nutzlosen noch immer angehören, rasch verloren. Das Element der Furcht ist für die Autorität lebenswichtig und bestimmt weitgehend die Atmosphäre der Führung. Es gibt Führer, die man liebt und nicht nur bewundert. Das bedeutet aber noch lange nicht, daß sie niemals rücksichtslos waren. Wenn ihre Autorität erst einmal fest etabliert ist, brauchen sie vielleicht nicht mehr so viel Furcht einzuflößen. Im Verlauf ihrer Karriere aber bildete diese Eigenschaft gewöhnlich, vielleicht sogar immer, eines der Erfolgselemente. Es wäre völlig falsch zu sagen, daß Rücksichtslosigkeit unnötig ist.

Der letzte Faktor ist die Anziehungskraft. Sie bedeutet nicht Attraktivität im üblichen Sinne, denn diese Eigenschaft entzieht sich unserer Kontrolle. Nichtsdestoweniger muß der Führer ein Magnet sein – eine zentrale Figur, zu der sich die Menschen hingezogen fühlen. Ein Magnetismus in diesem Sinne hängt in erster Linie davon ab, daß man gesehen wird. Es gibt (wie wir gesehen haben) eine Art der Autorität, die auch hinter geschlossenen Türen ausgeübt werden kann. Das ist aber nicht Führung. Wo es Bewegung und Aktivität gibt, steht der echte Führer an vorderster Front, und es kann sogar so sein, daß er überall gleichzeitig zu sein scheint. Er muß eine Legende werden, das Thema für Anekdoten, ob sie nun stimmen oder nicht, eine Persönlichkeit. Einer der einfachsten Tricks ist es, bei solchen Gelegenheiten abwesend zu sein, wo die Gegenwart des Führers allgemein erwartet wird. Das genügt schon, um Gerüchte über die bedeutsamen Angelegenheiten auszulösen, die ihn ferngehalten haben. Zum Ausgleich dafür kann er da auftauchen, wo er am wenigsten erwartet wird, was dann wieder zu einer Geschichte über das Interesse führt, das er an Dingen an den Tag lege, die andere Leute als trivial betrachten könnten. Mit diesem Talent, Neugier zu erwecken, verbindet der Führer stets eine Abneigung dagegen, über sich selbst zu reden. Sein Interesse liegt deutlich bei anderen Leuten: Er fragt sie aus, ermutigt sie zum Reden und erinnert sich dann an alles Relevante. Er verläßt niemals eine Party, bevor er in seinem Kopfe ein kleines Dossier über alle Anwesenden angelegt hat, um genau zu wissen, was er zu sagen hat, wenn er ihnen wieder begegnet. Er ist nicht auf künstliche Weise extrovertiert; er hört gewöhnlich lieber zu, als daß er selbst etwas sagt. Anderen wird allmählich klar, daß seine Bedeutung keines Beweises bedarf.

Wenn es nun aber zutrifft, daß Führung eine erlernbare Kunst ist, dann ist es wahrscheinlich so, daß man sie ziemlich früh im Leben erlernen muß. Unsere Gefahr ist es heute, daß wir dazu neigen, unsere Lehrjahre zu verlängern und immer mehr technische Qualifikationen zu verlangen, bis sich der Mann schon den mittleren Jahren seines Lebens nähert, wenn er diese Qualifikationen erworben hat. Nach 20 Jahren eines Routinedaseins in untergeordneter Position ist dann die Chance für immer verspielt.

Kapitel 9
Barbarei

Kehrt der Bart zurück? Es sieht fast so aus, als ob er schon da ist. In verschiedenen Ländern gibt es junge Männer, die den Rasierapparat beiseite gelegt haben. Wenn wir uns umschauen, können wir nicht leugnen, daß die Tendenz zur Zottigkeit besteht. Sollte sich der Trend fortsetzen, dann könnte durchaus zur Regel werden, was jetzt immer noch die Ausnahme ist. Worauf würde eine solche Mode hindeuten? Ist es ein Ausdruck der Gleichgültigkeit oder ein Nachweis der Virilität?

Auf den ersten Blick stellt die Veränderung der Mode im Gesichtshaar der Männer eine Geschichte bloßer Verwirrung dar, wobei Ebbe und Flut ebenso sinnlos erscheinen wie das Steigen und Fallen der Rocksäume bei den Frauen. Schon ein Blick auf die Geschichte der Bekleidung muß uns jedoch davon überzeugen, daß Moden bedeutsam sein können und oft auch bedeutsam sind. Die Turnüre hatte nicht nur einen modischen, sondern auch einen psychologischen Aspekt, und das gleiche gilt für den Bart. Er wurde von den meisten primitiven Völkern getragen und wurde zu einem Charakteristikum vieler alter Monarchien. Fast überall war er das Symbol der Reife, der Weisheit und des Alters und stellte so eine Unterscheidung zwischen den Senioren des Stammes und den bartlosen Jungen her. Als erste rebellierten die Griechen gegen diese Tradition. Sie maßen der Jugend, der Vitalität und der Form hohen Wert bei. Was als Mode begann, wurde schließlich zur Regel. Alexander der Große befahl seinen Mazedoniern aus Gründen der militärischen Disziplin, sich zu rasieren. Sein Vorwand dafür war, daß der Bart im Kampfe von einem Gegner ergriffen werden könne. Ohne Zweifel war sein wahres Motiv, den besonderen Charakter jener Zivilisation zu betonen, deren Repräsentant er geworden war. Orientalen mochten bärtig sein, Europäer konnten es nicht sein. Diese Tradition ging an das republikanische Rom weiter und war für das Zeitalter seiner größten Expansion charakteristisch.

Was aber bedeutet sie? Warum hielt man sie für wichtig? Wichtig war sie als Ausdruck einer Haltung zur Autorität. Unter den alten Monarchien war der Patriarch mit Robe und Bart geradezu die Personifizierung der Würde, wobei die Robe vielleicht eine physische Schwäche, der Bart möglicherweise die Schwäche des Kinns verdecken mochten. In einem auffallenden Gegensatz dazu steht sehr oft die Büste eines römischen Senators, wo der Charakter des Gesichtes voll enthüllt wird. In einem noch größeren Gegensatz steht die Art von Statue, in der Alexander völlig nackt erscheint. Die Autorität, die nach der orientalischen Tradition auf Ferne und Mysterium basierte, wurde in der hellenistischen Welt einem Charakter und einer Virilität anvertraut, die ganz offen zur Schau gestellt wurden. Persönlichkeit beurteilen wir hauptsächlich nach den Augen, Mund und Händen. Der bärtige Prophet mit seinen buschigen Augenbrauen und den in seinen Ärmeln versteckten Händen mag (soweit wir es beurteilen können) weder Intelligenz noch Humor oder Kraft besitzen. Im Gegensatz dazu wollen die Wähler in einer demokratischeren Gesellschaft mit Recht den Bewerber um ein Amt sehen und hören. Sie wollen das gespaltene Kinn der Entscheidungsfreude erkennen, die gemeinen oder eigensinnigen Linien um den Mund, die schlaffen Zeichen der Ausschweifung oder Schwäche.

Mit dem Mittelalter kamen die bärtigen Barbaren und nach ihnen die ebenso bärtigen Anhänger des Islams. Als es Europa im 6. und 7. Jahrhundert am schlechtesten ging, gaben die Franken das Rasiermesser auf und vermachten alles, was von der Zivilisation noch geblieben war, einer Priesterschaft, die bedeutsamerweise gleichzeitig den Bart aufgab. Als die Zivilisation nach dem Jahre 1000 wiederbelebt zu werden begann, war das glattrasierte Gesicht ihr äußeres Symbol. Um 1200 waren alle Kinne rasiert und wären es geblieben, wenn nicht die Kreuzzüge gekommen wären. In Nachahmung ihrer islamischen Gegner kamen viele der Kreuzritter mit den Reitgewohnheiten, der Kleidung und den Bärten zurück, wie sie in der Wüste Mode waren. Im Europa des 13. und 14. Jahrhunderts gab es viele Bärte. Nach Chaucers Zeit herrschte aber wieder die glattrasierte Mode vor – und zwar in einem solchen Ausmaß, daß ein Statut aus dem Jahre 1447 die Engländer in Irland zwang, sich zu rasieren, um sich auch weiterhin von den Iren zu unterscheiden.

Der Fortschritt ist selten gleichförmig, und es gab unvermeidliche Rückschläge. Der schlimmste von ihnen ist auf Heinrich VIII. zurückzuführen, der sich 1535 einen Bart stehenließ. Diese Imitation einer französischen Mode wurde ihrerseits vielfach nachgeahmt, obwohl es bei den Juristen und Klerikern einen gewissen Widerstand gab. Bis zum heutigen Tage sind Richter und Anwalt fast fast immer glattrasiert, und wer hat schon einen Geistlichen mit Schnurrbart gesehen? Beim niederen Adel verschwanden die Bärte unter James I. allmählich wieder, um dann unter Charles I. ihre gestutzte Form anzunehmen und unter Charles II. – der nur die schwache Andeutung eines Schnurrbartes hatte – ganz auszusterben. Für Großbritannien und vielleicht für ganz Europa stellten die Jahrhunderte von 1650 bis 1850 die Periode der höchsten Errungenschaften dar. Während dieser ganzen Periode aber oder zumindest fast während der ganzen Zeit war das glattrasierte Kinn im Westen beinahe universal üblich. Ein Schriftsteller im 16. Jahrhundert konnte noch bemerken: »Es ging gar lustig zu, und kein Bart kam zur Ruh.« Als die Unabhängigkeitserklärung unterzeichnet wurde, verschmierte aber kein Bart die Tinte. Sowohl die Vereinigten Staaten als auch das britische Commonwealth wurden von den Glattrasierten und für die Glattrasierten gegründet, wobei übrigens das Empire fast ausschließlich das Werk einer Gesellschaft ist, in der das Rauchen verboten war. Schnurrbärte tauchten nach 1798 in der britischen Armee auf und wurden in Waterloo viel gesehen, was dann zur Regel wurde. Ein Backenbart schließlich wurde zum Abzeichen der Dienstbarkeit und blieb auf Butler, Kutscher, Kammerdiener, Jockey und Stallbursche beschränkt.

Ihren ersten wichtigen Rückschlag erlebte die westliche Zivilisation in der Periode von 1845 bis 1850. Es ist schwer zu verstehen, warum das geschehen mußte, aber die Tatsache läßt sich nicht bestreiten. Offenkundig ist sie zum Beispiel in der Architektur. In einem Augenblick (1845) bauten die Leute vernünftige, wenn auch nicht besonders inspirierte Wohnhäuser nach klassischem Muster. Einen Moment später (1847) bauen sie romantische Absurditäten, die zeitlich – was vielleicht bedeutsam ist – mit dem Kommunistischen Manifest zusammenfallen. Sofort danach kommen Napoleon III. und die Spitzbartmode des dritten Imperiums. Eine Zeitlang konnte man den Bühnenfranzosen an diesem affektierten Gesichtsschmuck erkennen, aber der Krimkrieg brachte die Franzosen und Briten zusammen. Die französischen Generale – St. Arnoud, Canrobert, Bosquet, Pelissier – trugen alle schon einen Bart, bevor der Feldzug begann. Die Briten – Raglan, Cardigan, Evans, Brown, Burgoyne und Campbell – hatten glattrasierte Kinne. Als der Feldzug 1856 zu Ende ging, waren die Helden Großbritanniens bärtige Zigarrenraucher, die nach ihrer Pensionierung in schrecklichen Behausungen mit Namen wie »Inkerman« und »Alma« wohnten. Andere waren weniger heroisch, konnten aber wenigstens den Bart nachahmen, was sie dann auch taten. Dann kam die Freiwilligenbewegung, die jeden Mann in Großbritannien zum Soldaten machte, was ihm das Recht – und zu einer Zeit sogar die Pflicht – verschaffte, sich einen Schnurrbart wachsen zu lassen. Also gab es überall Vollbärte und Schnurrbärte, wobei der Wald gegen 1880 bis 1890 am dichtesten wucherte. Das männliche Gesicht begann um 1900 wieder aus dem Gestrüpp aufzutauchen, wurde bis 1910 klar sichtbar und war seitdem vorwiegend glattrasiert, wobei der Vollbart (nicht aber der Schnurrbart) in der britischen Marine und der Schnurrbart (nicht aber der Vollbart) in der britischen Armee zulässig war.

Aus diesen historischen Umrissen ergibt sich, daß das glattrasierte Gesicht mit dem Westen in Perioden seiner Vorherrschaft assoziiert wird. Der Bart hat Perioden des Niederganges und der Ungewißheit charakterisiert. Offensichtlich verbargen sich hinter dem Barte Zögern und Zweifel, wovon es zwischen 1650 und 1850 wenig gab. Wie läßt sich das beweisen? Werfen wir noch einen Blick auf das letzte bärtige halbe Jahrhundert, 1858 bis 1908. Die Architektur hatte ihren Tiefststand erreicht und erholte sich erst nach etwa 1890. Die Kunst war fast tot und erholte sich erst gegen Ende des Jahrhunderts. Die Kostüme waren langweiliger und schlechter als zu irgendeiner Zeit vorher oder nachher. Die Möbel und die Innenarchitektur erreichten einen Höhepunkt an Unbequemlichkeit, Häßlichkeit und Unförmigkeit. Das Theater war ohne Leben und große Musik nur noch ein Erbe der Vergangenheit. Die Religion spielte im gesellschaftlichen Leben eine gewaltige Rolle, aber Zweifel untergruben ihre grundlegenden Doktrinen, und während die Amerikaner gegeneinander Krieg führten, führten die Geistlichen mit sich selbst Krieg. In jeder Hinsicht war diese Periode außerordentlich unattraktiv.

Warum aber war der Bart in dieser Verwirrung so wesentlich? Weil er das Dickicht war, hinter dem die älteren Männer ihre Unsicherheit verbergen konnten. Wenn man ihn zur Wahrheit der Schöpfungsgeschichte verhörte, konnte sich der ältere Geistliche hinter eine Barriere zurückziehen, die die Weisheit aller bisherigen Zeitalter repräsentieren mochte. Wenn man ihn nach der Organisation der Armee fragte, konnte sich der Oberbefehlshaber hinter seinen Bart zurückziehen und mit einem Rauchvorhang seine Blöße verdecken. Wenn man ihn nach Sex fragte, konnte der viktorianische Schulmeister ausweichend struppig sein. Wenn ihn seine Frau etwas fragte, konnte der viktorianische Wüstling seinen Bart benutzen, um ungesehen zu erröten. Der Bart konnte den Platz der Weisheit, der Erfahrung, des Argumentes oder der Aufrichtigkeit einnehmen. Den Älteren konnte er ein Prestige verleihen, das weder auf Leistung noch auf Intelligenz beruhte. Den Anmaßenden, Hochtrabenden, Unehrlichen und Hohlköpfen konnte er als Verteidigung dienen und tat das auch.

Und jetzt gibt es Anzeichen dafür, daß der Bart wiederkehrt. Wenn dem so ist, dann können wir sicher sein, daß er den gleichen Zweck erfüllen soll wie zuvor. Die jungen Männer, die jetzt bärtig sind, haben vielleicht einen noch dichteren Bart, wenn sie ein mittleres Alter erreicht haben. Wenn sie sich jetzt schon verwirrt darüber klarzuwerden versuchen, was sie glauben oder tun wollen, dann werden sie später im Leben noch verwirrter sein. Gegen die Bärtigen der Zukunft sollten die Reihen der Aufrichtigen wie für einen Krieg geschlossen werden. Nieder mit all dieser Geheimnistuerei und dem Vortäuschen! Laßt uns einander so sehen, wie wir sind!

Kapitel 10
Revoltierende Studenten

Die Revolution auf dem Campus der Berkeley-Universität in Kalifornien fand 1964 bis 1965 statt. Ihr verspätetes Nachspiel, die Entfernung des Präsidenten Dr. Clark Kerr, kam nach der Wahl eines republikanischen Gouverneurs im Jahre 1966. Die Revolte an der London School of Economics folgte 1967, als die Studenten gegen die Ernennung des neuen Rektors protestierten, und hat seitdem angehalten. Beim Kommentieren dieser Ereignisse, die in ihrer Art für die USA und Großbritannien mehr oder weniger neu sind, waren sich die Journalisten und Schriftsteller darüber einig, daß sie typisch für eine weitverbreitete Bewegung sind. Überall gibt es – so sagen sie – eine Kluft zwischen den Generationen, einen Zusammenbruch der Kommunikation zwischen Eltern und Kindern, ein Scheitern der Autorität. Soweit dies zutrifft, ist Plato wohl der erste gewesen, der dazu Stellung genommen hat. Nach der Beobachtung, wie die Demokratie in einer Stadt in Anarchie umschlagen kann, bemerkt er: »Der Lehrer in einer solchen Stadt fürchtet die Schüler und schmeichelt ihnen, und die Schüler verachten ihre Lehrer ... Im allgemeinen ähneln die Jungen den an Jahren Fortgeschrittenen und treten mit ihnen in Wort und Tat in Wettbewerb.« (*Republik*, 8. Buch.)

Das ist ein Bild der Situation an der London School of Economics, und seine Neuheit ist so erregend wie etwas, das im 4. Jahrhundert vor unserer Zeitrechnung zuerst beschrieben wurde, nur sein kann. Die Lehrer haben den Studenten geschmeichelt, die sie daher verachten. Die Gründe sind ganz und gar bekannt, und die Kur liegt klar auf der Hand. Interessanter ist die Zusatzfrage, warum die Autorität gerade in einer bestimmten Schule zusammenbrechen mußte. Sie alle sind Belastungen ausgesetzt, doch bricht eine als erste zusammen, und wir können mit Recht fragen, warum diese besonders schwach war. Wir geben zu, daß der Trend allgemein sein mag. Die offene Unordnung auf einem bestimmten Campus deutet dann aber auf ein Versagen der Führung hin. Wir sollten jedoch nicht fragen, warum dieser oder jener Fehler begangen wurde, als die Unruhen begannen. Vielmehr sollten wir uns damit beschäftigen, was alles im vorigen Jahrzehnt versäumt wurde. In der Reitschule loben wir nicht die guten Reiteigenschaften von jemandem, der im Sattel bleibt, wenn das Pferd bockt. Wir wissen nämlich, daß das Pferd unter einen guten Reiter überhaupt nicht bockt.

Wenn wir diese Fälle von Anarchie betrachten, dann scheint es uns die auffallendste Tatsache zu sein, daß die

Universität keine wissenschaftliche Methode für ihre eigene Organisation anwandte. Eine Universität ist eine Gesellschaft von Leuten, die sich der Förderung und Verbreitung des Wissens in allen oder den meisten Zweigen der Gelehrsamkeit gewidmet haben. Ihre Mitglieder glauben zunächst und vor allem, daß Fakten durch Untersuchung und nicht durch bloße Behauptung etabliert werden sollten. Forschung ist daher die Basis des akademischen Denkens, und die gleichen Methoden werden auf eine ganze Reihe von Problemen in den Natur- und Geisteswissenschaften sowie in jüngerer Zeit auch auf Probleme der Betriebsführung angewandt. Ganze Abteilungen befassen sich also mit öffentlicher und kommerzieller Administration, wobei die Professoren ebenso bereit sind, den Industriellen zu beraten wie den Beamten. Sobald jedoch die eigene Struktur der Universität kritisiert wird, benehmen sich die Professoren wie verschreckte Schafe, die sich zur gegenseitigen Verteidigung zusammenrotten. Die akademische Organisation muß so bleiben, wie sie ist – der massive Felsen, von dem aus die Forscher Ebbe und Flut der menschlichen Gezeiten beobachten können. Objektive Untersuchungsmethoden können anscheinend auf alle Themen angewendet werden, bis auf diese eine. Dennoch verdient die Universität einige Überprüfung, und sei es nur wegen ihrer eigenen Rolle beim Erteilen von Ratschlägen. Wer wird – wenn ihre eigene Administration schwach ist – den Ratschlägen lauschen, die sie zu erteilen hat?

Wenn wir die wissenschaftlichen Methoden der Betriebswirtschaft auf die Universität selbst anwenden würden – und genau das sollten wir tun –, dann müßten wir vom Anfang an einsehen, daß eine Universität schwerer zu verwalten ist als irgendeine Gemeindeabteilung oder Industrieanlage. Zunächst einmal dient sie einem doppelten Zweck. Während eine pädagogische Hochschule nichts anderes tun muß als lehren und ein Forschungslaboratorium nichts anderes als forschen, tut eine Universität beides und muß das Gleichgewicht zwischen den beiden Aufgaben wahren. Ihr Schlüsselpersonal besteht nicht aus Managern von der Handelsschule, sondern aus eigensinnigen und exzentrischen Professoren. Es sind Charaktere, deren Intelligenz bemerkenswerter ist als ihre Integrität, Leute, deren Loyalität nicht in erster Linie der Universität gilt, sondern ihrer eigenen Konzeption von Wahrheit. Es ist außerordentlich schwierig, mit diesen Gelehrten umzugehen, sie von etwas zu überzeugen, sie zu führen. Auch der finanzielle Hintergrund der Universität ist keine Jahresbilanz mit ihrer Schilderung von Gewinn oder Verlust. Er ist vielmehr eine komplexe Struktur von öffentlich zugeteilten Mitteln und privater Wohltätigkeit, Bewilligungen für einzelne Fakultäten und individuellen Honoraren. Ihre Studenten schließlich sind junge Leute, deren Untätigkeit durch die Länge der in der Schule verbrachten Zeit noch gesteigert und oft durch die riesige Größe der Universität, zu der sie zugelassen worden sind, weiter ausgeprägt wird. Ein unbekümmertes Ausschütten von Stipendien hat sie von den Verpflichtungen entlastet, die sie früher ihren Eltern gegenüber empfanden. Weil man sie für eine schrecklich lange Zeit zur Schule gehen ließ, sind sie oft viel älter als ihre Vorgänger auf der Universität und intellektuell ebenso rückständig, wie sie sexuell frühreif sind. Probleme der Überwachung und Disziplin sind weit schwieriger als früher und als es nötig wäre. Da dies so ist und da die naturgemäß gegebenen Schwierigkeiten auch mit der Entwicklung und dem Wachstum der Institution nicht leichter werden, ist die Verwaltung einer Universität selbst für die Weisesten und Besten von uns eine gewaltige Aufgabe. Ausschlaggebend notwendig ist Führung, mit allem, was dabei an politischem und managerhaftem Geschick von Nutzen ist. Wir haben jedoch praktisch nichts getan, um systematisch das zu liefern, was vonnöten ist. Wir haben die Natur der Aufgabe nicht erforscht und nicht einmal bei der Auswahl der maßgeblichen Männer gesunden Menschenverstand gezeigt.

Präsidenten und Rektoren von Universitäten und Colleges sind von höchst unterschiedlicher Herkunft. Vielleicht war eine Mehrheit von ihnen einmal Professoren. Andere Auserwählte aber waren Beamte, Schuldirektoren und Geschäftsleute. Eine allgemeine Vorliebe für Männer mit akademischer Erfahrung läßt sich mit der Annahme rechtfertigen, daß Professoren verständlicherweise Groll über die Autorität von jemand hegen könnten, der von der Arbeit, die zu leisten ist, nicht die geringste Ahnung hat. Nach der gleichen Logik ist der Befehlshaber eines Stützpunktes in der Luftwaffe immer jemand, der zu seiner Zeit selbst Maschinen geflogen hat, wobei davon ausgegangen wird, daß niemand, der keine solche Erfahrung hat, Autorität über jene ausüben könnte, die darin erfahren sind. Wenn wir diese Prämisse akzeptieren, wird uns sofort klar, wie vergleichsweise simpel das Beförderungssystem der Luftwaffe ist. Der wirklich unfähige Pilot bricht sich schon beim Grundkursus im Fliegen den Hals. Die psychologisch ungeeigneten werden – oft auf eigenen Wunsch – beim fortgeschritteneren Training eliminiert. Von denen, die sich qualifizieren, werden einige getötet, und manche sind eindeutig besser als andere. Im Laufe der Jahre schälen sich die natürlichen Führer durch ein System mehr oder weniger natürlicher Auslese heraus. Ein ähnlicher Prozeß bestimmt die Beförderung in der Marine und (vielleicht mit weniger Sicherheit) im Heer. Es gibt keinen vergleichbaren Eliminierungsprozeß auf dem Campus, wo die Ausfälle minimal sind und Ineffektivität nicht sofort auffällt. Akademisches Versagen zieht sich über Jahre hin, und es gibt hier nichts Vergleichbares zu dem auf eine Sandbank gelaufenen Torpedoboot oder dem neben einem Hügel begrabenen Düsenbomber. Der akademisch Unfähige ist schwer zu entfernen und sogar schwer zu identifizieren. Der Schaden, den er anrichtet, verteilt sich über ein ganzes Leben und wird selten in einem bestimmten Moment der Katastrophe offenkundig. Man kann selten aufzeigen, daß er einen Fehler begangen hat – schon gar nicht dann, wenn er nie etwas getan hat.

Während das akademische Versagen ein hauptsächlich negativer Prozeß ist, läßt sich akademischer Erfolg zumindest teilweise messen. Es gibt Nobelpreise, gepriesene

Entdeckungen, brillante Bücher und überfüllte Hörsäle. Es ist zugegebenermaßen schwer zu entscheiden, ob ein Mann besser in Geologie ist als ein anderer in Musik. Doch gibt es gewisse Vergleichsmöglichkeiten, und eine Art Wahl kann getroffen werden. Wenn akademische Beförderungen vom Professor zum Dekan, vom Dekan zum Vizerektor aufgrund bekannter Leistungen erfolgten, könnten wir mehr Vertrauen zu dem Resultat haben. Jedes derartige System bricht aber gleich zu Beginn mit unserer Entdeckung zusammen, daß Professor A nicht Dekan oder Vizerektor werden *möchte*. Er ist zwar der hervorragendste Mann auf dem Campus, interessiert sich aber nicht für Verwaltung, sondern ausschließlich für (beispielsweise) Astronomie. Für den Volkswirtschaftler Professor B trifft das nicht ganz so zu. Seine Ambitionen aber konzentrieren sich auf seine Aussichten, beispielsweise Wirtschaftsberater der Regierung mit der Wahrscheinlichkeit eines Sitzes im Oberhaus zu werden. Was den vom Fernsehen her wohlbekannten Professor C angeht, so läßt er sich selten im Gemeinschaftsraum der Professoren blicken und hat seit Jahren nicht mehr an einer Ausschußsitzung teilgenommen. Wenn wir einen möglichen Kandidaten für das Amt des Dekans gefunden haben, sind wir vielleicht schon weit unten auf der Liste, was die akademischen Qualifikationen angeht.

Professor S (der Soziologe) jedoch, der in jeder Hinsicht unbedeutend ist, hat seit langem beschlossen, daß seine Zukunft in der Administration liegt und nicht in der Forschung. Seine Rivalen für das Amt sind die Professoren

T, U, W und Z (Chefs der Abteilungen für Taxidermie, Gewerkschaften, Wohlfahrt und Zionismus), und auch für diese Herren gibt es auf den von ihnen gewählten Studiengebieten keine enorme Zukunft. Das einzige, was wir über die Kandidaten wissen, ist, daß sie befördert werden möchten, und zwar wahrscheinlich (wenn auch nicht immer), weil sie als Gelehrte gescheitert sind. Wir können dann schließlich reflektieren, daß ihr relatives Versagen in ihren eigenen Fächern an sich keine Garantie dafür ist, daß sie auf irgendeinem anderen Gebiet Erfolg haben müssen.

Es mag dies eine pessimistische Ansicht über die augenblickliche Szene sein und den Einwand herausfordern, daß manche Universitäten dennoch erfolgreich verwaltet worden sind. Auch wenn wir diese Tatsache berücksichtigen, bleibt noch der Einwand bestehen, daß die Wahl des Rektors einer Universität viel schwieriger ist als die eines Vizeluftmarschalls. Die sich aufdrängende Vorsichtsmaßnahme wäre also die Bildung von akademischen Selektionsausschüssen, die ein gewisses Urteilsvermögen haben. Alles was man jetzt hat, ist das Wort der Schiedsrichter: »Professor Z eignet sich außerordentlich gut für den von ihm angestrebten Posten« – was vielleicht nur bedeutet, daß sein augenblicklicher Rektor ihn loswerden will.

Außerordentlich bemerkenswert ist jedoch, daß Luftwaffe, Marine und Heer sich eher wissenschaftlicher Methoden für eine relativ leichte Selektion bedienen, als die Universitäten – die doch geradezu Missionare der Wissenschaft sein wollen – es für eine unendlich schwierigere Auswahl tun. Bei einer Beförderung zum General darf man davon ausgehen, daß alle ausreichend ranghohen Offiziere Kandidaten sind. Die offensichtlich ungeeigneten sind schon seit langem durch Pensionierung, Versetzung oder durch ein Kriegsgericht eliminiert worden. Die zu leistende Arbeit ist relativ einfach, und an dem anzustrebenden Ziel gibt es keine echten Zweifel. Der Selektionsprozeß könnte nicht einfacher gemacht werden. Dennoch haben Heer, Marine und Luftwaffe jene unschätzbare Institution, die Kriegsschule, dazwischengeschoben. An irgendeinem Punkt in seiner Berufslaufbahn bewirbt sich der aufstrebende Offizier um eine Nominierung zur Kriegsschule, arbeitet eine Zeitlang an Theorie und Praxis des Kommandierens, studiert die Probleme der Strategie und Administration und erwirbt sich mit der Abschlußprüfung das Recht auf einen bestimmten Rang. Jene, die nicht akzeptiert wurden, und jene, die versagten, werden über einen bestimmten Dienstgrad nie hinauskommen. Jene, die bestanden haben, können auf einen Posten beim Stab rechnen, jene, die sich ausgezeichnet haben, werden für hohe Führungsaufgaben vorgemerkt. Alle Teilnehmer des Kurses waren gezwungen, nicht nur die Praxis des Augenblicks, sondern die grundlegenden Prinzipien zu erwägen. Das System ist nicht narrensicher, weil Männer, die beim Bestehen von Prüfungen gut sind, manchmal für nichts anderes gut sind. Jedes System ist aber besser als gar keines. Soweit man Kriegsfähigkeiten anhand eines Friedenstestes messen kann, wurde der Maßstab auf gerechte Weise angelegt.

Warum sollten wir nicht eine »Kriegsschule« für akademische Administratoren einrichten? Warum sollte man nicht naturwissenschaftliche Methoden zur Einstufung der Naturwissenschaftler benutzen, geisteswissenschaftliche Methoden zur Beurteilung der Geisteswissenschaftler? Eine solche Schule würde, wie viele andere, einen doppelten Zweck erfüllen. Einerseits könnte sie Forschungsarbeit für die Organisierung der Universität leisten und die Fakten speichern, die dafür nützlich sein könnten. Wir wissen, daß Aristoteles die Verfassungen von 158 verschiedenen Staaten sammelte und miteinander verglich. Hat irgend jemand das gleiche mit 158 Universitäten getan? Ist die für eine Universitätsbevölkerung von 1500 Studenten entwickelte Verfassung auf eine Universität mit 30 000 noch anwendbar? Wir wissen, daß die studentische Bevölkerung der Universitäten zwischen 1000 und 100 000 schwankt. Was aber ist die ideale Größe, wenn man von den Resultaten ausgeht? Wir alle meinen, daß jene Universität, an der wir unseren ersten akademischen Grad erwarben, ein Musterbeispiel für die richtige Größe ist. Es sollte aber doch gewiß einen besseren Maßstab geben. Ferner wissen wir, daß die Verwaltungskosten zwischen fünf und zehn Prozent des Gesamthaushaltes schwanken. Welches ist der richtige Prozentsatz, und warum? Das zahlenmäßige Verhältnis zwischen Lehrern und Lernenden schwankt wild zwischen dem einem und dem anderen College. Welches Verhältnis ist optimal? Sollten die Geschlechter auf der unteren Studentenebene segregiert werden? Sollte man zulassen, daß Graduierte bis zu zehn Jahre dazu brauchen, ihren Doktortitel zu erwerben? Hundert derartige Fragen werden an ebenso vielen Universitäten auf verschiedene Weise beantwortet – sicherlich nicht allesamt aufgrund der gleichen Weisheit. Wenn wir diese Fragen erwägen, müssen wir vor allen Dingen Meinungen durch Fakten ersetzen. Es gibt daher Spielraum zur Untersuchung, zum Vergleichen und zum Studieren. Es ist offensichtlich, daß es Raum für lokale Abweichungen – etwa zwischen der einen und der anderen Schule – gibt. Daß es andererseits Raum für einige Standardlösungen von Universitätsproblemen gibt, ist mindestens wahrscheinlich. Die höhere Bildung an sich ist daher ein angemessenes Feld, um Vernunft zur Geltung zu bringen.

Die akademische »Kriegsschule« würde als Studenten auch solche Männer und Frauen zulassen, die sich vielleicht für ein Verwaltungsamt in einer Universität oder einem College qualifizieren wollen. Der Lehrplan könnte (unter anderem) die Technik des Vorsitzens bei Versammlungen und Ausschußverfahrensweisen, akademische Finanzfragen und Buchprüfung, die Grundsätze architektonischer Planung, die Probleme studentischer Unterbringung und die Technik der öffentlichen Rede umfassen. Ob die Kandidaten für höhere Ämter einen direkten Nutzen daraus ziehen würden, ist belanglos, da es das Hauptziel des Kursus sein würde, das Potential jedes Bewerbers einzuschätzen. Der aufstrebende Professor hat vielleicht einen schöpferischen Drang, eine echte Leidenschaft für Personalarbeit und ein tiefes Interesse an menschlichen Beziehungen. Andererseits hat er vielleicht einen Minderwertigkeitskomplex, nichts Nennenswertes publiziert, ein Talent, seinen Vorgesetzten zu schmeicheln, aber eine völlige Unfähigkeit, irgend jemandem irgend etwas zu erklären. Es liegt durchaus im Bereich menschlichen Geschicks, einen Test auszuklügeln, der seinen Charakter, seine Motive und seine Begrenzungen enthüllen würde. Nachdem jeder Bewerber einen Plan zur Reorganisierung der Fakultäten vorgelegt, ein Dutzend Personalprobleme bewältigt, eine Erweiterung der Bibliothek geplant und eine Amtseinführungsrede gehalten hat, müßte der Lehrkörper der Schule eine gerechte Vorstellung von seinen Fähigkeiten gewonnen haben. Ist er hervorragend, gut, durchschnittlich, unbegabt oder völlig ungeeignet? Die Qualifikation sollte in drei Wochen offensichtlich sein, aber wir könnten ja besonders sorgfältig vorgehen und uns einen Monat Zeit lassen. Resultate würden nicht veröffentlicht, aber jede Person, die den Kursus beendet, würde vertraulich ein Endergebnis bekommen. Nur bei der Bewerbung für einen höheren akademischen Posten müßte er seine Einstufung preisgeben und auch dann nur dem Auswahlausschuß gegenüber. Trotzdem würde es noch immer möglich sein, daß ein Universitätskonzil einen Mann mit erstklassiger Einstufung ablehnt und statt dessen den Schwiegersohn des letzten Rektors vorzieht, der als drittklassig und unterdurchschnittlich abschnitt. Die Leute würden dann aber wenigstens wissen, was sie tun. Außerdem wären sie sich darüber im klaren, was sie möglicherweise später zu erklären haben.

Kapitel 11
Anreiz und Abschreckung

»Und das Weib schaute an, daß von dem Baum gut zu essen wäre und daß er lieblich anzusehen und ein lustiger Baum wäre, weil er klug machte, und sie nahm von der Frucht und aß und gab ihrem Mann auch davon, und er aß. Da wurden ihrer beider Augen aufgetan, und sie wurden gewahr, daß sie nackt waren ...« Als sie von der verbotenen Frucht gegessen hatten, wurden Adam und Eva aus dem Garten Eden vertrieben, und zwar nicht, um sie der Erkenntnis zu berauben (in dieser Hinsicht war der Schaden schon angerichtet), sondern um sie davon abzuhalten, den Baum des Lebens zu finden, dessen Früchte ihnen die Unsterblichkeit gegeben hätten. Da man ihnen nicht ausdrücklich gesagt hatte, von diesem Baume abzulassen, hatten sie ihn offenbar überhaupt nicht bemerkt. Sie gingen daher aus dem Paradies mit der Sterblichkeit als einer Familieneigenschaft hervor. Außerdem hatten sie sich ein Anreizsystem angeeignet, das seitdem nur in einer Beziehung noch verbessert worden ist. Zum Ungehorsam waren sie durch die Aussichten auf a) Nahrung und Unterkunft, b) Schönheit, c) Erkenntnis, d) Sex und e) Fehltritte verlockt worden. Aussichten auf die gleichen Belohnungen hätten sie zu jedem anderen Vorgehen verführen können, wobei Mord eine Möglichkeit und Arbeit nicht völlig unvorstellbar gewesen wäre. Wenn man zum Kern der Dinge vordringt, dann hat der Verfasser des Buches Genesis damit die Erwägungen aufgeführt, die das durchschnittliche menschliche Wesen zu einer möglicherweise ungewohnten Tätigkeit aufstacheln. Wenn man noch eine hinzufügt, sind dies die grundlegenden Anreize.

Man hat in Malaysia einmal bemerkt, daß der Durchschnittseuropäer, der für seinen Lebensunterhalt in die Tropen geht, noch immer die Aussicht auf Pensionierung hat. Wenn man darauf drängt, er solle erklären, was eine Pensionierung für ihn bedeutet, dann beschreibt er einen Ort auf dem Lande mit angenehmer Szenerie und Klima, Möglichkeiten zum Jagen und Fischen, einen Garten und ein paar kongeniale Nachbarn, ab und zu einen Tag in der Stadt und Freizeit, um seinen Hund auszuführen. Mit dieser entfernten Aussicht als Anreiz vor sich hat so mancher Europäer sein Leben lang gearbeitet und ist dann auf seinem Auslandsposten gestorben. Während dieser ganzen Zeit hat er – oft mit Mißbilligung – die anscheinende Trägheit der Malaien bemerkt. Die Malaien sind ein gemäßigt primitives Volk und lehnen im allgemeinen die anstrengenderen Formen der Arbeit ab. Sie ziehen es vor, als Politiker, Soldaten, Polizisten oder Chauffeure zu arbeiten.

Der Pflanzer oder Kaufmann vergleicht ihre Tatenlosigkeit manchmal traurig mit dem fleißigeren Leben der Chinesen oder Inder. Er ist sich vielleicht nicht immer darüber im klaren, daß der Malaie – mit einem Geschmack, der seinem eigenen durchaus ähnelt – von Geburt an unter all den Bedingungen gelebt hat, die der Engländer durch seine Arbeit bei seiner Pensionierung erreichen will. Er wurde auf dem Lande mit einem angenehmen Klima, Flußlandschaft, einer erfreulichen Existenz und genug zu essen geboren. Ihm fehlt es an Anreiz für übermäßig harte Arbeit, und Geld braucht er vielleicht nur für Zigaretten und fürs Kino. Es mag ganz gut sein, ein Fahrrad zu besitzen, denkt er, kommt dann aber zu der Schlußfolgerung, daß es noch besser ist, im Schatten zu sitzen.

Der Verfasser der Schöpfungsgeschichte beschreibt die grundlegenden Anreize für den Menschen präzise und läßt auch nicht die Verlockung durch das aus, was als ungehörig gilt. Nur in einer Hinsicht ist er nicht durchgängig gültig: er setzt Nacktheit mit Sex gleich. So hätte ein Grieche Nacktheit eher mit Sport assoziiert. Man könnte noch hinzufügen, daß die Vorstellungen von dem, was sich nicht gehört, variabel sind, wobei das Verbotene zwar attraktiv, aber nicht immer das gleiche ist. Das Fortschreiten der Zivilisation nach der Genesis führte aber schon zu einem sehr frühen Zeitpunkt einen anderen bedeutenden Anreiz ein. Dies war der Anreiz des Status, der von dem Augenblick an bedeutsam wird, in dem die anderen menschlichen Bedürfnisse auch nur teilweise befriedigt sind. Seine Bedeutung ist außerdem so groß, daß schon bald unsere Haltung zur Nahrung, zur Schönheit, zur Erkenntnis, zum Sex und zum Ungehörigen dadurch gefärbt wird. Status gibt es in zwei Arten – einmal auf Autorität und das andere Mal auf Reichtum gegründet. Eine Kombination dieser beiden Arten schließen wir nicht aus, aber die beiden Ideen bleiben voneinander getrennt. Ein hoher Orden und ein Rolls-Royce sind auf verschiedene Weise Statussymbole. In Ländern mit aristokratischer Tradition (wie Großbritannien) hängt der höchste Status mit offizieller Position, Geburt, Bildung, sportlichen Leistungen und Tapferkeit vor dem Feinde zusammen. In Ländern ohne eine solche Tradition (wie den USA) ist der höchste Status an das größte Kapital und Einkommen gebunden. Sehr selten begegnen wir einem Millionär mit der höchsten Kriegsauszeichnung, und die Leistung von Thomas Morus, der sowohl zum Ritter geschlagen als auch seliggesprochen wurde, wird wahrscheinlich ein unschlagbarer Rekord bleiben.

Wie wir bereits andeuteten, färbt das Konzept des Status auf die älteren und grundlegenderen Anreize ab. Kaviar und Champagner sind die Nahrung dessen, der Status anstrebt. Als Schönheit gelten Villa oder Penthouse und als Erkenntnis das Geplauder derer, die im allgemeinen gut unterrichtet sind. Sex muß raffiniert sein und Ungehörigkeit tunlichst von einer Art, von der bescheidenere Leute nicht einmal zu träumen gewagt hätten. Theoretisch könnte es Leute geben, denen jeglicher Anreiz fehlt, weil sie bereits alles haben, und vielleicht gibt es solche Leute auch wirklich. Sie sind jedoch selten, weil der Reiche sich nach Autorität sehnen mag und weil es der Persönlichkeit mit Autorität an Reichtum mangeln mag. Der Zauber des ermordeten John F. Kennedy beruhte darauf, daß er über beides verfügte und außerdem noch auf einen ruhmreichen Militärdienst verweisen konnte. Es gibt wenige Männer in jener Kategorie. Der Rest von uns hat dringlichere Anreize auf viel niedrigeren Ebenen. Die Gesellschaft wiederum verdankt ihre dynamische Energie den Bemühungen, die wir unternehmen, um unsere verschiedenen Ambitionen zu verwirklichen. Die zur Verfügung stehende Gesamtenergie ist die Summe unserer Anstrengungen und steht in direktem Verhältnis zu dem Unterschied an Autorität oder Reichtum zwischen den höchsten und den tiefsten Ebenen der Gesellschaft. Unsere Bemühungen zur Gleichschaltung des Status wirken sich so aus, daß sie die Gesamtenergie reduzieren. Wenn sie total erfolgreich wären (was sie niemals sind), dann würde sich die Summe unserer Energien auf Null reduzieren.

Manche Theoretiker sagen uns, daß die Staatsbürger einer idealen Gesellschaft keinen Anreiz brauchen würden. Perfekt motiviert, würden sie zum Wohle der Gemeinschaft und zum Nutzen der Menschheit arbeiten, denken und Erfindungen machen. Ganz zu Unrecht sagen uns andere Theoretiker, daß eine derartige Gesellschaft nicht überleben könne. In Wirklichkeit gibt es solche selbstlosen Gemeinschaften heute und hat es sie seit Jahrhunderten gegeben. Es sind die buddhistischen und christlichen Klöster der Welt, und niemand kann behaupten, sie seien unproduktiv geblieben. Der Umstand, der ihren Erfolg ausmacht, ist jedoch das Fernhalten des Sex. Im Garten Eden war Eva (von der Schlange einmal abgesehen) die erste Person, die auf einen Anreiz reagierte. *Sie* war es, die die ursprüngliche Anstrengung unternahm, und sie hatte vor ihrem ersten Umzug bereits einen Minirock und einen Pelz. Zumindest symbolisch ist es immer so gewesen. Wenn man ihn sich selbst überläßt, mag sich ein Mönch mit einem Zustand der Kontemplation bescheiden. Gebt ihm eine Frau, und sie möchte einen Beweis für seine Zuneigung sehen. Gebt ihm Kinder, und er möchte sie auf kostspielige Weise bekleiden, ernähren und unterrichten lassen. Die Motivkraft ist nicht menschlicher Eigennutz, sondern menschliche Liebe. Das ist ein Motiv, dessen wir uns in keiner Weise schämen müssen. Mehr Berechtigung haben wir wahrscheinlich für den Zweifel, ob die Gesellschaft auf irgendeine andere Weise organisiert werden könnte. Gewiß gibt es Klöster, aber eine Welt aus Klöstern würde bald ein vorzeitiges Ende erleben.

Es ist üblich, eine gegliederte Gesellschaft als Pyramide darzustellen, bei der die Leute nach oben zu klettern trachten. Man kann das Gleichnis aber auch abwandeln und die Menschen als Bewohner von unfruchtbaren Berggebieten ansehen, von denen aus sie zu den Annehmlichkeiten des fruchtbaren Tals streben. Bei ihren Bemühungen um den Abstieg treiben sie die Wasserräder und Dynamos an, die der Gesellschaft ihre Motivkraft geben. Ohne Anreiz würden sie auf den höheren Ebenen bleiben und stagnieren. Wenn man ihnen genug Anreiz und ausreichende Gelegenheiten gibt, werden sie ihren Weg nach unten finden und dabei nützliche Arbeit leisten. Viel hängt aber von der Art der Kanäle ab, durch die ihre Energien fließen. Sind diese eng, aber gangbar, fordern Bemühung, verheißen aber letzten Endes Erfolg, dann wird zum Nutzen aller das Maximum an Kraft erzeugt. Wenn man die Kanäle zu sehr erweitert, wird die Triebkraft aus Mangel an Konzentration absterben. Wenn man sie zu stark verengt, errichtet man ein scheinbar totales Hindernis, und alles kommt zum Stillstand, wobei es dann wahrscheinlich letzten Endes einen Rohrbruch und eine Überschwemmung gibt. In einer dynamischen Gesellschaft gehört die Regulierung der Ehrgeizkanäle zur Kunst des Regierens. Nur durch feinste Einstellung werden die besten Resultate erzielt werden. Zu viele bestehende Gesellschaften bieten das Bild einer komplizierten Maschine ohne Motivkraft. Es sind jene Gesellschaften, die wir als »permissiv« bezeichnen. Sie haben das Entweichen der Kräfte zugelassen, die sie hätten benutzen können.

Wenn die Grundbedürfnisse erst einmal befriedigt sind, sehnt sich der Mensch – wie wir gesehen haben – nach Status, der entweder von Autorität oder von Reichtum abhängt. Die Briten ziehen Autorität vor. Unsere höchste Bewunderung behalten wir daher Admiralen und Generalen, Kricketspielern und Schauspielerinnen, Bezwingern des Mount Everest und Umseglern des Kap Hoorn vor. Der Respekt, den wir dem Piloten einer Fluggesellschaft zollen, wird nicht durch unser Wissen erhöht, daß er hoch bezahlt wird. Außerdem kann unser System der Belohnung für Verdienste einen armen Mann höher als auf die gleiche Stufe mit seinem reichsten Nachbarn heben. Man hat uns gelehrt, Reichtum mit einem gewissen Mißtrauen zu betrachten und uns zu weigern, ihn als Beweis für Verdienste zu werten. Ist ein Vermögen ererbt, halten wir den Erben nur für jemanden, der Glück gehabt hat und wahrscheinlich wertlos ist. Ist es mit ehrlichen Unternehmungen erworben, deuten wir an, daß der Besitzer selbstsüchtig, rücksichtslos und geizig gewesen sein muß. Es läßt sich jedoch argumentieren, daß Geldverdienen oft harmloser ist als allgemein angenommen wird. Noch bedeutsamer ist unsere verspätete Einsicht, daß wenig Schönes jemals geschaffen wird, ohne daß jemand da ist, der dafür bezahlt.

Wir haben von Anreizen auf der höchsten Ebene gesprochen – sei es die Hochfinanz oder die Bergsteigerei. Die gleiche Argumentation gilt jedoch auch für Leute, deren Bestrebungen nicht bis zum Gipfel gehen. Es gibt nichts Natürlicheres als den Wunsch eines Mannes, seiner Familie ein eigenes Heim zu schaffen, und zwar ein Einzelhaus, wenn er es sich leisten kann, komplett mit Garage, Garten und Planschbecken. Es gibt nichts Vernünftigeres als seinen Wunsch, seinen Kindern eine bessere Bildung zu geben, als er sie selbst genoß, mit Ferien im Ausland und vielleicht der Möglichkeit, Ski zu fahren und zu segeln. Zugegebenermaßen sind all diese Gelegenheiten Statussymbole, aber wer macht schon Überstunden, wenn es keinen Status zu kaufen gibt? Wer würde sonst in den Nächten über seinen Büchern hocken, um sich irgendeine zusätzliche Qualifikation zu erwerben? Der Mann, der zu der Schlußfolgerung kommt, daß für das Mädchen, das er geheiratet hat, nichts zu gut ist, zeigt sich als ein besseres menschliches Wesen als der Fanatiker, der nur an eine marxistische Zukunft denkt, in der seine Nachbarn als Ketzer liquidiert werden. Am Geldverdienen mag nichts besonders Edles sein, aber es gibt Ambitionen, die sich als weitaus schlimmer erweisen können. Die Sehnsucht nach der Macht ist in der Regel weniger bewundernswert als das Sehnen nach Komfort. In dieser Hinsicht gibt es nichts Deprimierenderes als die kommunistische Stadt, in der es nichts zu kaufen gibt. Die lebensnotwendigen Dinge sind da – Kohlen, Lebensmittel und Bekleidung –, aber es ist sinnlos, mehr zu verdienen, weil wenig mehr als das zu haben ist. Nur wenn die Anreize verschwunden sind, machen wir uns ihren Wert völlig klar.

Umgekehrt ist es mit den Abschreckungen, der Benutzung des Knüppels im Gegensatz zum Angebot der Mohrrübe. Es bleibt uns hier wenig Platz zur Erörterung des Wertes von Abschreckungssystemen. Es wäre aber unehrlich, die Diskussion ohne einen flüchtigen Hinweis auf ihre Anwendung abzuschließen. Die ursprüngliche Abschreckung wird in der Schöpfungsgeschichte beschrieben: »Du sollst essen von allerlei Bäumen im Garten, aber von dem Baum der Erkenntnis des Guten und Bösen sollst du nicht essen, denn welches Tages du davon issest, *wirst du des Todes sterben.*« Die Situation schien damit ziemlich klar zu sein, aber die erwähnte Strafe wurde nicht verhängt, da Adam (wie man uns versichert) 930 Jahre lang gelebt hat. Selbst die Schlange kam mit einem blauen Auge davon. Adams Nachkommen hingegen wurden mit Ausnahme Noahs meistens mit dem Tode für Verbrechen bestraft, die nicht exakt überliefert sind. Etwas genauer werden die Vergehen beschrieben, die die Zerstörung für Sodom und Gomorrha heraufbeschworen. Alles in allem fehlt es in der Schöpfungsgeschichte nicht an Vergeltungen für die Weigerung, dem Herrn zu gehorchen. Die Beispiele scheinen jedoch keine große Wirkung gehabt zu haben. Somit werden wir zu der Schlußfolgerung gedrängt, daß der direkte Anreiz wirksamer ist als die Abschreckung, die Mohrrübe nützlicher als der Knüppel. Eine mögliche Erklärung dieser Tatsache könnte mit der Theorie begründet werden, daß jedesmal der falsche Esel verprügelt wird.

Kapitel 12
Von der Hand zum Mund

Die menschliche Sprache dient zwei Zwecken, wobei das ältere und grundlegende Ziel der Ausdruck einer Emotion, die Entlastung des Verstandes von seinem unmittelbaren Inhalt ist. Später erst kam das verfeinertere Ziel hinzu, jemand anders eine Botschaft zu übermitteln. Älter als das gesprochene Wort und dem Ziele nach ähnlich zweigleisig ist jedoch die Zeichen- oder Gestensprache, die der Mensch mit anderen Tieren teilt. Menschen ohne eine gemeinsame Sprache können bis zu einem gewissen Grade miteinander kommunizieren, wie Tiere es tun. Mittels Grimassen und Pantomimen können sie ihre elementareren Reaktionen der Überraschung, des Ärgers, der Zuneigung, der Ungeduld, des Verlangens und des Kummers leicht ausdrücken. Schwieriger und mit einem höheren Risiko des Anscheins der Zweideutigkeit verbunden – aber dennoch möglich – ist es, eine einfache Botschaft zu übermitteln: beispielsweise Feindseligkeit, Warnung,

Begrüßung oder Ablehnung. Im Vergleich zu anderen Tieren, mit Ausnahme der Affen, hatte der Mensch, seitdem er nicht mehr Vierbeiner ist, mehr Spielraum für Gesten. Als er sich erhob, behielt er die Hände für Signale frei, wobei die Botschaft gelegentlich durch den Gesichtsausdruck oder Kopfbewegungen noch unterstrichen wurde. Die Fußbewegungen sind natürlich noch älter und leiten sich von den vierbeinigen Ahnen aus der Voraffenzeit ab. Das zornige Aufstampfen mit dem Fuß oder das ungeduldige Scharren zählt sicherlich zu den ältesten Gesten, drückt aber eher Emotion aus als den Wunsch, sich mitzuteilen. Ferner ist es bedeutsam, daß Emotionen oft geäußert werden, ohne daß jemand anders anwesend ist. So erleichtern wir unsere Gefühle durch eine Geste, für die es keinen anderen Zeugen gibt, und beweisen damit, daß wir nichts Nützliches mitzuteilen haben.

Das gesprochene Wort wurde der Menschheit erst später gegeben und gestattete uns, komplexere Emotionen auszudrücken und Botschaften zu übermitteln, die detaillierter und präziser sind. Das Geschenk der Sprache ist verschiedenen rassischen, kulturellen und intellektuellen Gruppen jedoch in sehr ungleicher Weise zuteil geworden. Die Sprache eines malaiischen Bauern oder eines arabischen Stammesangehörigen kann außerordentlich elementar sein, die eines deutschen Philosophen kompliziert bis zur Unklarheit. Die Zahl der benutzten Wörter schwankt zwischen ein paar hundert und vielen Tausenden, ihr Präzisionsgrad wiederum zwischen etwa »Nahrung« und »Kohlenhydrate«, zwischen »Karre« und »Vergaser«.

Seltsam erscheint, daß diese Entwicklung der Sprache nicht zum Verschwinden der Geste geführt hat. Die Welt ist voll von Leuten, deren sprachliche Möglichkeiten uns ausreichend vorkommen, die aber dennoch jede Bemerkung durch eine Geste unterstreichen müssen. Sie können nicht »ich weiß nicht« sagen, ohne die Achseln zu zucken. Niemals sagen sie »ja«, ohne gleichzeitig mit dem Kopf zu nicken. Eher als daß er auf die arabische Geste des Protestes verzichtet, nimmt der Fahrer im Nahen Osten beide Hände vom Lenkrad seines schnell fahrenden Wagens. Ohne ein Winken mit der Hand, wobei ihre Fläche nach unten zeigt, ist die Ablehnung des Kunden nicht ausreichend endgültig. Ohne beide Hände zu heben, als wolle er einen Schlag abfangen, kann der Verkäufer nicht genügend deutlich machen, daß das Angebot zu niedrig ist. Bei der Übermittlung seines Ultimatums schlägt der Politiker mit der Faust auf die Fläche der anderen Hand. An den Himmel appellierend, zeigt der Geistliche in Richtung des unbewegten Firmamentes. In einigen Fällen ist die Geste wirksam und betont bewußt eine bestimmte Pointe. Bei erheblich mehr Gelegenheiten ist sie eine sinnlose Wiederholung des bereits Gesagten.

Warum müssen wir gestikulieren? Wenn wir versuchen, die Frage zu beantworten, müssen wir zunächst einmal beobachten, wie sich Leute verhalten, wenn sie das Telefon benutzen. Wenn wir durch die Scheibe einer öffentlichen Fernsprechzelle schauen, können wir oft praktisch die Aufführung einer Pantomime mitansehen. Der Ausdruck des Anrufers wechselt von Sorge zu Freude, seine

Hand winkt aufgeregt oder ablehnend, die Finger zeigen in diese oder jene Richtung, düster hinnehmend zucken die Achseln, ungeduldig oder zornig klopfen die Füße. Daß all diese Gesten einem blinden Hörer gegenüber gemacht werden, scheint zu beweisen, daß sie ein Ziel an sich sind, nicht als Botschaft für jemand anders gemeint, sondern lediglich als Ventil für Emotionen benutzt, die der Anrufer nicht mehr unter Kontrolle halten kann. Stimmt das aber unbedingt? Oder mangelt es dem Telefonbenutzer an der Fantasie einzusehen, daß seine Gesten von der Person, die er aufzuklären, zu unterhalten oder zu beeindrucken versucht, überhaupt nicht gesehen werden? Im allgemeinen können wir die Schlußfolgerung wagen, daß Menschen, die am hemmungslosesten gestikulieren, öfter zu jenen zählen, die Emotionen auszudrücken haben und weniger häufig zu jenen, denen es um die Übermittlung einer Botschaft geht. Allgemeine Beobachtungen lassen uns auch zu dem Glauben neigen, daß Gesten mehr von Frauen als von Männern benutzt werden, mehr von südländischen als von teutonischen Typen, mehr von Analphabeten als von Gebildeten, mehr von den Jungen als von den Alten. Solche Verallgemeinerungen mögen fragwürdig erscheinen. Auf den ersten Blick scheint die Benutzung von Gesten aber auf ein dürftiges Vokabular hinzudeuten. Am meisten verbreitet ist sie wohl, wenn uns das Wort entfallen ist, das wir brauchen. Rassisch gesehen, scheinen Leute, deren prähistorischer Treffpunkt im mediterranen Sonnenschein lag, mehr auf Gesten angewiesen zu sein als solche, deren Ahnen im Halbdunkel des nordischen Winters argumentierten. Wie dem auch sei, es gibt nationale Abweichungen bei der Häufigkeit von Gesten ebenso wie bei der Bedeutung der benutzten Gesten. So ist beispielsweise die griechische Geste für »komm doch mal her« identisch mit der englischen für »bleib, wo du bist«. Es wäre wahrscheinlich falsch anzunehmen, daß es jemals eine weltweit gültige Zeichensprache gegeben hat, obwohl manche Gesten (wie das verneinende Kopfschütteln) mit wenigen Ausnahmen weit verbreitet zu sein scheinen.

In unterschiedlichem Ausmaße und mit starken Abweichungen gibt es also eine weitverbreitete menschliche Neigung, alles zweimal zu sagen, wobei das spätere gesprochene Wort durch die frühere und gewöhnlich überflüssige Geste unterstützt wird. Sinn würde das haben, wenn die Hälfte von uns taub wäre, aber so erscheint es absurd. Wo es um Emotionen geht, mag es die Befriedigung des zusätzlichen Nachdrucks geben, obwohl sich die Wirkung auf andere durch die bloße Wiederholung abschwächen muß. Wo andererseits tatsächlich eine Botschaft übermittelt werden soll, widerspricht die Geste manchmal direkt dem Wort. Wo das passiert, wo der Landmann »links« sagt und nach rechts deutet, ist die Geste zuverlässiger als das Wort. Es gibt andere Fälle, wo uns die Worte in Stich lassen – etwa dann, wenn man uns auffordert, einen Korkenzieher zu beschreiben. Für die meisten Leute ist es unmöglich, dies zu tun, ohne mit dem Zeigefinger eine wirbelnde Bewegung auszuführen. Im großen und ganzen gibt es aber nur wenige Fälle, in denen die Geste ratsam ist, und noch weniger Fälle, wo sie notwendig ist. In den meisten Zusammenhängen ist das Winken mit der Hand unnötig, und in vielen Situationen wirkt es sogar verwirrend und ablenkend. Tatsächlich gibt es Argumente dagegen, daß man überhaupt gestikuliert. Sie gehen von der Annahme aus, daß Grimassen und Handwinken die Zuflucht der geistig Faulen sind. Auch wenn man zugibt, daß unsere Botschaft verstanden worden sein mag, ist es uns dennoch nicht gelungen, sie mit Worten allein zu übermitteln. Das Ergebnis kann sein, daß unser nächster Versuch der verbalen Kommunikation scheitert. Geistiger Anstrengungen entwöhnt und mit einer Fantasie, die durch unsere gewohnheitsmäßige Unfähigkeit, den Standpunkt eines anderen zu würdigen, bereits verkümmert ist, gestikulieren wir vielleicht gerade dort, wo das Wort lebenswichtig ist – im Dunkeln beispielsweise oder am Telefon. Noch schlimmer wird vielleicht das sein, was wir zu Papier bringen können. Von niemandem, der sich auf den Gebrauch der Sprache nicht konzentriert, kann man eine zwingende und überzeugende schriftliche Darstellung erwarten. Es gibt zugegebenermaßen einen Unterschied zwischen verbaler und schriftlicher Kommunikation. Dennoch kann niemand gut schreiben, dessen Redeweise gewohnheitsmäßig nachlässig, affektiert oder ungenau ist. Ein Beamter bezeichnete kürzlich einen der Legislative vorgelegten Gesetzentwurf als uninteressant, aber wegen seiner Komplexheit abstoßend. Ein derart treffender Kommentar würde niemals von einem Menschen kommen, bei dem jeder zweite gesprochene Satz die Redewendungen »Sie wissen doch« und »ich würde sagen« enthält. Als

Antwort auf einen derer vom Stamme der »Sie wissen doch« wandte unlängst ein gebildeterer Mensch ein, daß er es eben *nicht* wisse. »Ich bin weit davon entfernt, es zu *wissen*, und eben darum *warte* ich begierig auf die Bemerkung, die Sie gerade machen wollen. Wenn ich es schon wüßte, wäre Ihre Stellungnahme ja sinnlos. Gerade weil ich es *nicht weiß*, möchte ich mich gern informieren lassen. Fangen Sie also bitte noch einmal an, und sagen Sie mir nicht, daß ich schon im voraus wisse, was Sie meinen. Wäre es so, dann wären Ihre Bemerkungen überflüssig. Da es aber nicht so ist, ist Ihr Vorspruch irreführend.« Als er einmal einem Manne gegenübersaß, der die ganze Zeit gestikulierte, hielt Dr. Samuel Johnson gewaltsam seine Armgelenke fest und forderte ihn auf, stillzuhalten. Die Argumentation gegen Gesten oder gegen die Wiederholung bedeutungsloser Wörter beruht in gleichem Maße auf unserem Respekt vor der Sprache, die wir zu benutzen versuchen.

Bisher hat sich unsere Erörterung auf die gleichzeitige Benutzung von Wort und Geste konzentriert, auf einen Brauch also, den wir wahrscheinlich beklagenswert finden. Wir könnten zu der Schlußfolgerung gelangen, daß die bewußte und möglicherweise einstudierte Geste eines Redners oder Schauspielers wirksam und sogar zur Betonung erforderlich sein kann. Es gibt weitere Fälle, wo die Worte uns in Stich lassen und wo eine Geste wesentlich sein kann, um den Sinn dessen zu vervollständigen, was wir zu sagen versuchen. Abgesehen von diesem zulässigen oder unvermeidlichen Brauch sollten wir das Gestikulieren

– beispielsweise bei jungen Leuten – jedoch als Beweis für geistige Trägheit ablehnen und möglichst verhindern. Besonders bei Schülern der englischen Sprache haben wir die Pflicht, ihren Hang zur Gestik zu entmutigen. Diese Sprache bringt für den Neuling alle Arten von Schwierigkeiten mit sich, aber niemand kann leugnen, daß sie einen außerordentlichen Reichtum an Worten bietet. Man kann für alles, was man sagen will, einen Alternativausdruck finden, wobei es die feinsten Unterscheidungen zwischen der einen und der anderen sprachlichen Gewohnheit gibt. Bei der Übermittlung einer beliebigen Botschaft hat man Auswahlmöglichkeiten bei der Definition und dann noch einmal in der Frage des Nachdrucks. Wenn wir in Grimassen und Gesten zurückverfallen, dann liegt das nicht daran, daß uns die Sprache in Stich läßt, sondern daran, daß wir nicht alles gelernt haben, was sie zu bieten hat. Das Rezept dagegen heißt: viel lesen, tief denken, weniger reden und mehr zuhören. Wenn wir eine kritische Einstellung zu dem haben, was wir lesen und hören, dann wenden wir auf die Dauer vielleicht die gleiche Kritik auf das an, was wir glauben und sagen. Was das Winken mit den Händen angeht, so ist es doch sicher an der Zeit, die Sache noch einmal zu überlegen.

Der Beweis, daß das Gestikulieren heute mehr oder weniger genauso benutzt wird wie etwa vor einem Jahrhundert, mag schwer zu erbringen sein. Es erscheint jedoch als möglich und sogar wahrscheinlich, daß die Gesten derer, die fernsehen, häufiger und sinnloser sind als die der Leute, die Bücher lesen. Ob es nun hieran oder an einem anderen Grunde liegt, unser Zeitalter wird jedenfalls mit Sicherheit zur Ära der Kollektivgeste oder Demonstration. Wo die Leute einst eine Petition unterzeichneten, ziehen sie es jetzt vor, durch die Straßen zu trotten, um dies zu unterstützen oder jenes zu verurteilen. Die Prozession mag ein Ziel haben. Vielleicht gilt es eine Botschaft zu stürmen, eine Versammlung zu sprengen, einen Protest anzubringen. Ebenso häufig mag sie von nirgendwo nach nirgendwo führen und nicht mehr beweisen, als daß soundso viele Leute gewisse Ansichten zu einer bestimmten Frage haben. Ob gesetzeskonform oder gewaltsam, die Demonstranten haben jedenfalls ihre Vorliebe für die Geste und ihre Geringschätzung des geschriebenen Wortes gezeigt. Mit geballter Faust oder erhobenem Arm, mit gebrülltem Slogan oder angedeuteter Drohung wendet sich die Menge von der logischen Rede ab und fällt in das Geschnatter der Affen zurück. Das Mitglied einer solchen Menge tut wenig, was ein Gorilla nicht ebensogut oder besser tun könnte. Mit einem solchen gestikulierenden Verhalten sind wir so recht zur Steinzeit zurückgekehrt und haben uns darauf geeinigt, alles abzulehnen, was seitdem erreicht wurde. Der seine Fäuste schüttelnde Massenmensch ist weder Staatsbürger noch Soldat, weder Denker noch Künstler. Er steht tiefer als ein Schäferhund und ist viel weniger als ein Mensch. Wenn schon der individuellen Grimasse etwas nicht ganz Erwachsenes anhaftet, dann tritt der primitive Ursprung in der multiplizierten Karikatur deutlich an den Tag. Die geistlose Hysterie ist eine Ableugnung der Zivilisation.

Man könnte es als ein natürliches Ergebnis von Elend und Ignoranz ansehen, wenn die Armen und die Analphabeten eine gestikulierende Menge bilden. Wie sonst, so könnte man fragen, sollen sie denn das zeigen, was sie fühlen, aber nicht erklären können? Schluß mit unserer Sympathie muß dort sein, wo die Demonstration von »Studenten« veranstaltet wird, zumindest von Personen, die von einer Universität oder einem College aufgenommen worden sind. Demonstrationen von »Studenten« sind derart üblich geworden, daß man sie jetzt wie selbstverständlich als ein natürliches Ventil für die Emotionen der »Studenten« akzeptiert. Wir vergessen dabei leicht, daß eine solche Katastrophe in glattem Widerspruch zu allem steht, was die Universität verkörpern soll. Hier ist doch schließlich ein Ort, wo man lernt und ruhig diskutiert, ein Platz, wo unangefochten die Vernunft herrscht. Das von Sokrates aufgestellte und von Aristoteles verteidigte erste Prinzip der Gelehrsamkeit besteht darin, daß der Student seinen Mangel an Wissen zugibt. Wir betreten eine Universität, weil wir nicht wissen, aber lernen wollen. Unsere Ansichten – falls wir welche haben – sollen im Lichte der Vernunft geprüft werden. Unsere Meinungen sollen – wenn wir uns solche aneignen – durch eine Anwendung der Logik auf Fakten unterstützt werden, wobei wir bereit sind, den entsprechenden Beweis anzutreten. Kein Gelehrter der Welt wird durch die Straßen marschieren, ein Plakat tragen und einen Slogan brüllen. Warum nicht? Weil Wiederholungen, Lärm und Drohungen nicht Teil des akademischen Lebens sind.

Nichts wird dadurch wahrer, daß wir es wiederholt und laut hinausschreien. Man kann auf den Straßen Leute mit Plakaten sehen, auf denen zu lesen ist: »Amerikanische Imperialisten – verlaßt Vietnam!« Einige dieser Leute mögen als Studenten immatrikuliert sein, aber sie wurden versehentlich zugelassen und sollten sofort relegiert werden – nicht wegen des kriminellen Deliktes des Landfriedensbruchs, sondern des akademischen Vorgehens wegen, ständige Wiederholung als Beweis anzusehen. Ein echter Student, mit Recht immatrikuliert, wäre niemals so dogmatisch. Wenn er Ansichten zu Vietnam hätte, dann würde er sie in vorsichtigen Worten etwa so äußern: »Soweit ich die Situation verstehe, neige ich zu der Frage, ob das Pentagon viel zu gewinnen hat, wenn es bewaffnete Streitkräfte in ihrer gegenwärtigen Stärke in Vietnam aufrechterhält.« Eine mit solchem Zögern geäußerte Meinung könnte durchaus auf Wissen und Vernunft basieren. Der zentrale Glaube des Gelehrten ist es nämlich, daß ein von 10 000 Gläubigen 1000mal gebrüllter Slogan nicht mehr Wahrscheinlichkeit besitzt, wahr zu sein, als eine Behauptung, die ein einzelgängerisches Individuum ein einziges Mal im Flüsterton gemacht hat. Wer das nicht glaubt, gehört nicht auf eine Universität und hätte niemals dort aufgenommen werden sollen. Dies ist der zweite Schritt zur Gelehrsamkeit, und es gibt keine Fortschritte, bevor dieser Schritt getan wurde. (Der erste Schritt ist übrigens die Flucht weg von der Mutter.) Alles andere hängt davon ab, wie wir angefangen haben.

Nun ist also die Zeit gekommen, daß wir die Geste noch

einmal betrachten. Wenn nämlich die Demonstration in den Straßen (eine mit anderen geteilte Geste) ein langer Schritt zurück zur Steinzeit ist, dann mögen wir recht mit unserem Verdacht haben, daß die Gesten des einzelnen ein Relikt aus einer primitiveren Periode und an sich noch kein Beweis für Intelligenz oder Bildung sind. Werfen wir noch einen Blick auf die Diskussionsteilnehmer, die auf unserem Fernsehschirm erscheinen. Erfüllen ihre Gesten irgendeinen Zweck? Vollendet das Fuchteln der Hände einen Sinn, oder verleiht es einem Argument Nachdruck? Oder erschöpft es uns nur durch sinnlose Wiederholung? Absolventen der Schauspielschule könnten uns vielleicht zeigen, wie die einstudierte Geste dazu dienen kann, den Charakter zu enthüllen oder die Handlung voranzutreiben. Wenn wir einräumen, daß dem so ist, läßt sich dann das gleiche über die Gesten derer sagen, die keine besondere Bühnenausbildung oder Gerichtserfahrung hinter sich haben? Wenn der Anwalt mit der Faust auf den Tisch schlägt, dann hängt die Wirksamkeit von der Seltenheit der Geste und der präzisen Wahl des richtigen Zeitpunktes für sie ab. Ein zu häufig angewandter Trick kann nämlich das Argument eher abschwächen. Vergleichen wir dies mit dem nervösen Zappeln, unter dem der im Fernsehen Redende leidet. Studieren wir schließlich den Film, der über unsere eigene Vorführung gedreht wurde. Beobachten wir den Gesichtsausdruck, die heruntergezogenen Brauen, die zuckenden Schultern, den erhobenen Zeigefinger. Welche Geste erfüllte einen Zweck? Was war die Wirkung dieser anderen Gesten, die nur die Unfähigkeit reflektierten, still zu sitzen? Sie mögen Ihren Charakter enthüllt haben, aber war dies ein Aspekt Ihres Charakters, auf dessen Enthüllung Sie Wert legten? Überzeugten diese Gesten oder lenkten sie bloß ab? Verliehen sie Nachdruck oder irritierten sie lediglich? Laßt uns damit beginnen, mit kritischerem Auge und jeder von uns vielleicht mit neuer Entschlossenheit besseren Gebrauch vom Geschenk der Sprache zu machen, die dem Menschen eigentümlich ist, und die Benutzung von Gesten zu vermindern, die wir von den Affen geerbt haben. Mindestens für den Psychologen mag das Fuchteln unserer Hände eine Botschaft übermitteln, aber ist es eine Botschaft, die wir absenden möchten, und möchten wir überhaupt eine Botschaft absenden? Entscheiden wir uns lieber für die Konzentration auf die richtige Benutzung unserer edlen Sprache, der Zunge, die von Shakespeare und Milton, von Newton und Johnson, von Jefferson und Lincoln entwickelt und bereichert wurde. Halten wir unsere Zunge vom Lügen und Verleumden ab und unsere Hände vom Fummeln, Stehlen und Fuchteln. Auf diese Weise werden wir lernen zu meinen, was wir sagen, und – vielleicht auf die Dauer – zu sagen, was wir meinen.

Kapitel 13
Das Mañana-Gesetz oder Parkinsons Gesetz der Verzögerung

Es gibt in unserer sich wandelnden Welt nichts Statisches. Forschungen haben unlängst ergeben, daß der abscheuliche Neinsager durch den »Hinhaltenden Hinderer« (HH) ersetzt wird. Anstatt »Nein« sagt der HH »zu gegebener Zeit« (wissenschaftlich ausgedrückt ZGZ). Diese Worte bedeuten in der Praxis Verneinung durch Verzögerung (oder in wissenschaftlicher Terminologie VV). Die Theorie erfordert es, einen ungefähren Überblick darüber zu gewinnen, ein wie hohes Maß an Verzögerung der Verneinung gleichkommt. Wenn wir einmal annehmen, daß ein Ertrinkender um Hilfe ruft und dabei die Antwort »zu gegebener Zeit« erhält, dann kann eine sorgfältig gewählte Pause von fünf Minuten praktisch eine negative Reaktion darstellen. Warum? Weil die Verzögerung größer ist als die Lebenserwartung des Nichtschwimmers. Das gleiche Prinzip gilt für einen Rechtsstreit. A, von B geschieden, fordert das elterliche Aufsichtsrecht über die gemeinsame

Tochter (17 Jahre). Vom Rechtsanwalt wird ihm aber mitgeteilt, daß sie volljährig sein werde, bevor der Fall entschieden werden könne. Auf der Ebene des Einzelhandels bekommt A von seinem Eisenhändler B Bescheid, daß der von ihm bestellte Rasenmäher erst in sechs Monaten (also im Dezember) geliefert werden kann. Dies alles sind Beispiele für VV in ihren einfacheren Formen.

Wo die dringliche Angelegenheit einer neuen Gesetzgebung bedarf, nimmt die Verzögerung neue Dimensionen an. Nichtsdestoweniger entspricht auch hier die einsichtsvoll gewählte Pause der Lebenserwartung des Mannes, von dem der Vorschlag ausging. Wenn die Scheidungsgesetze dringend reformbedürftig sind, dann beginnt der »Hinhaltende Hinderer« damit, daß er sich nach Alter und Gesundheitszustand des Reformers erkundigt, von dem die Gesetzesinitiative ausgeht. Wenn er das Alter von 70 Jahren als Bemessungsgrundlage benutzt und anhand von statistischen Faktoren modifiziert, gelangt er zu der Schlußfolgerung, daß Reformer A erwarten kann, noch weitere acht Jahre lang zu agitieren. Verneinung durch Verzögerung (VV) ist dann definiert als der Prozeß, mittels dessen sichergestellt wird, daß »zu gegebener Zeit« (ZGZ) in diesem Fall bedeutet: In neun Jahren. Die Einsicht, daß das ZGZ größer ist als das zu erwartende Agitations-Leben (AL) des Reformers, reicht oft schon aus, die ganze Idee von Anfang an zunichte zu machen. Für viele altruistische Menschen ist das Wissen, daß etwas zu ihren Lebzeiten nicht geschafft werden kann, mit dem Wissen gleichbedeutend, daß es überhaupt nicht geschafft werden kann. Wo – wie es ja gelegentlich vorkommen kann – eine nützliche Reform erfolgt, da ergibt sie sich daraus, daß der Reformer etliche Jahre länger leben und arbeiten konnte, als es den vernünftigen Erwartungen entsprochen hätte. Auf solche Weise kann der Reformer den HH überleben, dessen ganz besonderer Haß Reformern gilt, die jünger sind als er. Es gibt also Fälle, wo der ZGZ-Faktor geringer ist als das AL, woraus sich dann irgendeine halbherzige Gesetzgebung ergibt. Es hat aber niemals viele Männer wie den englischen Reformer Sir Alan Herbert gegeben, bei dem das Letztgesagte zutraf. Außerdem sterben solche Männer allmählich aus. Der durchschnittliche Reformer oder Neuerer gibt leichter auf und läßt den HH in einer Position der Stärke, dazu entschlossen, den nächsten Vorschlag unter Benutzung der gleichen Technik zu Fall zu bringen. Somit werden Verzögerungen bewußt als eine Form der Weigerung konstruiert und zeitlich so ausgedehnt, daß sie sich auf die Lebenserwartung desjenigen erstrecken, dessen Vorschlag auf Eis gelegt wird. *Verzögerung ist die tödlichste Form der Weigerung.* So lautet das Gesetz der Verzögerung. Mathematisch läßt es sich in dieser Gleichung ausdrücken:

Wenn

L = AL oder die Lebenserwartung desjenigen, von dem die vorgeschlagene Reform ausgeht,

M = ZGZ oder die Zeit, die zwischen dem ersten Vorschlag und der endgültigen Lösung verstrichen ist,

n = die Anzahl der sachfremden Fragen, die in die Diskussion geworfen wurden, und p = das Alter des Hinhaltenden Hinderers,

$$x = \frac{(L + n)\, M}{3p}$$

dann entspricht X dem Ausmaß an Verzögerung, das der Weigerung gleichkommt.

An dieser Stelle müssen wir betonen, daß der HH selten direkt sagt: »Das kann zu Ihren Lebzeiten nicht mehr geschafft werden!« Diese Tatsache läßt er im Verlauf der Diskussion verstohlen durchblicken.

»Die beste Methode ist es«, so beginnt er etwa und erweckt den Anschein, sich nützlich machen zu wollen, »einen Verfahrensausschuß zu bilden. Der soll die Umrisse eines Vorschlages produzieren, dessen verschiedene Teile dann an Unterausschüsse verwiesen werden, die gebildet werden müssen, um sich mit den juristischen, finanziellen, zynischen, technischen, politischen, hysterischen, statistischen, untauglichen und gewohnheitsmäßigen Aspekten des Plans zu befassen. Die Unterausschüsse übergeben ihre Berichte dann dem Verfahrensausschuß, der einen Zwischenbericht erstellt. Dieser sollte einer Untersuchungskommission vorgelegt werden, die nicht später als 1975 zusammentreten wird. Ziel der Kommission wird es sein, die Verfahrensweisen zu empfehlen, derer wir uns bei der zunächst fälligen Entscheidung darüber bedienen sollten, ob es Argumente dafür gibt, die Angelegenheit weiter zu verfolgen.«

In einer Atempause rechnet der HH dann auf der Rückseite eines Briefumschlages aus, wieviel Verzögerung der Weigerung gleichkommt. Nachdem er einen Prozeß umrissen hat, der beispielsweise bis 1977 dauern wird, sieht er ein, daß 1980 das Zieldatum ist. Er fährt also so fort:

»Wenn wir annehmen – und ich betone, daß die Frage viel mehr als eine Formalität ist –, *wenn wir annehmen,* daß die Argumente dafür sprechen, zur Tat zu schreiten, dann geht der Abschlußbericht der Kommission an eine interministerielle Arbeitsgruppe, die ihre Empfehlungen zur Zusammensetzung des Planungsausschusses ausarbeitet. Aufgabe des Planungsausschusses wird es sein, Kontakt mit dem Staatssekretär aufzunehmen, der die Angelegenheit dem Minister vorträgt. Sollte seine Reaktion günstig ausfallen, dann wird die Angelegenheit auf dem Parteitag in Skegness zur Sprache kommen. Sache der Partei wird es dann sein, zu entscheiden, ob der Zeitpunkt so kurz vor (oder möglicherweise so kurz nach) den Wahlen opportun ist. Im Lichte dieser Entscheidung wird der Minister dann eine Direktive zu erteilen haben. In diesem Stadium würde er jedoch nicht mehr tun, als die Notwendigkeit weiterer Untersuchungen grundsätzlich zu akzeptieren.«

Das langt gewöhnlich, um die Angelegenheit abzuschließen, ohne daß ein einziges Argument gegen den zur Diskussion stehenden Vorschlag benutzt wurde. Der Reformer kann vor seinem geistigen Auge nur noch eine endlose Reihe von Ausschüssen sehen, die zu entscheiden versuchen, ob es sich vertreten läßt, eine vorläufige Untersuchung der Bedingungen anzustellen, unter denen eine Kommission zu arbeiten hätte. Die Kommitologie (oder: wissenschaftliche Ausschußlehre) ist eine alte Methode,

Zeit zu gewinnen. In der modernen Welt sind die Verzögerungstechniken aber durch den augenblicklichen Nachdruck auf Forschungsarbeit noch verstärkt worden. In wissenschaftlichen Angelegenheiten ist die erste Regel – wie wir wissen – die Ermittlung der Fakten. Auf menschliche Probleme angewandt, bedeutet die gleiche Regel, daß eine Verbrechenswelle nicht eine Sache des Prinzips, sondern des Maßstabes ist. Wenn in Los Angeles Neger demonstrieren, dann ist es unsere erste Reaktion, die beteiligten Neger zu zählen. Unsere zweite ist es, zu entscheiden, ob sie wirklich so schwarz sind, wie man sie hinstellt. Daß die Ermittlung von Fakten also ein Ersatz für das Treffen von Entscheidungen ist, weiß man ziemlich allgemein. Wir erkennen aber nicht, daß die Ermittlung von Tatsachen auch ein Ersatz für das Denken ist. Die Monate, die wir damit verbringen, die Ansichten von Statistikern, Psychologen, Graphologen, Soziologen, Alchimisten und Entfremdungsspezialisten anzuhören, sind nicht bloß Monate der Tatenlosigkeit. Sie wirken sich vielmehr so aus, daß unsere Gedankengänge (und auch unsere Handlungen) in Fluten und Belanglosigkeiten erstickt werden. Eines Tages werden wir einsehen müssen, daß Reformen von der Existenz von Reformern abhängen, die nicht nur über spezielles, sondern auch über allgemeines Wissen verfügen, von Leuten, die oft selbst eine Art Gesetz sind, von Leuten, die häufiger »Warum nicht?« sagen als »Warum?« und die sich weigern, auf die versteckte Opposition des HH zu hören.

Heeresoffizieren brachte man früher bei – und tut es

vielleicht sogar noch –, wie man eine Einschätzung vornimmt. Dabei ging man vielleicht von einer theoretischen Krisenposition aus. Der Feind rückte von A nach B vor, die Brücke in X wurde gesprengt und der Bahnhof Y zerstört, so daß alle Verbindungen zwischen der eigenen Stellung und der nächsthöheren Befehlsstelle unterbrochen waren. Während rings um ihn die Geschosse explodierten, sollte sich der geplagte Offizier hinsetzen und oben über ein Stück Papier »Einschätzung« schreiben und diese Überschrift unterstreichen, bevor er die Einzelheiten seines Ziels hinzufügte, die Faktoren, die seine Erreichung beeinflussen könnten, die beiden Seiten zur Verfügung stehenden Alternativen und die Schlußfolgerung, zu der er unausweichlich gedrängt wurde. Nie hat es jemals Pluspunkte für die Schlußfolgerung gegeben, daß die Armee von vornherein die falsche Berufswahl war.

Es können jedoch keine Zweifel an dem Wert dieser geistigen Übung herrschen. Ob Leute dies alles in der Schlacht tatsächlich tun oder nicht, es spricht viel für die Logik der Einschätzung. Man könnte nun annehmen, daß der häufigste Fehler der Unerfahrenen eine Fehlinterpretation der Fakten sei. In Wirklichkeit ist jedoch die Analyse der *Ziele* der echte Stolperdraht. Den meisten Leuten fällt es viel schwerer, zu entscheiden, was sie eigentlich zu tun versuchen, als zu beschreiben, wie sie es anfangen wollen. Was die Faktoren angeht, die von jeder Seite aus die Situation beeinflussen, so sind sie nur insoweit relevant, wie sie sich auf die Ziele beziehen. Wenn das Ziel falsch ist, dann wird auch nichts anderes in der Einschätzung stimmen. Diese Beobachtung gilt für Friedenszeiten ebenso wie für den Krieg, und der geborene Reformer ist jemand, der sich zunächst mit seinem Ziel beschäftigt und dann erst mit der statistischen Position.

Was ist sein nächster Schritt, nachdem er das Ziel klar vor Augen hat? Doch bestimmt ein Memorandum. Hier aber liegt eine der gefährlichsten Tretminen auf seinem Pfade. Früher, und Gerüchten zufolge sogar noch heute, würde er danach streben, seinen Gedanken eine möglichst weite Verbreitung zu verschaffen und sie in großen Zahlen drucken oder hektographieren zu lassen. Weil es zeitlich und kostenmäßig unwirtschaftlich war, den Satz und die Matrize mehr als einmal anzufertigen, bestellte er stets zusätzliche Kopien. Wenn 78 Leute Exemplare haben sollten, dann bestellte er 100, nur für den Fall, daß doch mehr gebraucht würden. Wenn es 780 waren, bestellte er 1000. Die zusätzlichen Exemplare waren aber Verschwendung, was jeder Administrator beklagen wird. Die natürliche Reaktion war es, sie an jene zu verteilen, die sich am Rande für die Frage interessierten. Jetzt kamen aber von Mal zu Mal noch mehr Exemplare hinzu, denn wie viele Dinge haben Verteilerlisten eine eigentümliche Wachstumstendenz. Ebenso unvermeidbar war es, daß die länger werdende Liste sich auf Leute erstreckte, die immer weniger davon verstanden. Mehr und mehr Leute auf immer niedrigerer Ebene verbrachten längere und längere Zeit damit, etwas zu lesen, was sie weniger und weniger anging.

Hier begegnet der Reformer, der den HH überlisten will, einem unerwarteten Verbündeten in der Gestalt eines

Stücks moderner Technologie. Indem er aus einer geeigneten Maschine eine präzise Anzahl von Exemplaren eines klar durchdachten und überzeugenden Memorandums holt – wobei die Zahl auf der Basis der ihm zugänglichen Verantwortlichen für effektive Entscheidungen zu errechnen ist –, umgeht der Reformer mit einem Schlag sowohl Verzögerung als auch Intelligenzlosigkeit. Er leitet seine Ansichten den richtigen Leuten zur rechten Zeit zu.

Memoranden kommen von denjenigen, die ihre Denkarbeit zuvor geleistet haben. In dreierlei Hinsicht hat der Verfasser eines klaren Memorandums mit spezifischer Verbreitung einen Vorteil gegenüber dem HH. Er hat seine Absicht definiert. Im Ausschuß hat er das Selbstvertrauen derjenigen untergraben, die versäumten, es zu lesen. Außerdem ist es recht wahrscheinlich, daß er die Basis für das geschaffen hat, auf das man sich einigen wird.

Natürlich kann man Parkinsons Gesetz der Verzögerung nicht entgehen. Es ist ebenso unvermeidlich wie das Gesetz der Schwerkraft. So wie es aber menschlicher Schöpferkraft möglich war, das Fliegen zu erfinden, wird es vielleicht auch immer einen richtigen Weg geben, um neuen Ideen einen Start zu verschaffen.

Kapitel 14
Eine Weihnachtsgeschichte

Der ehrenwerte Minister und Unterhausabgeordnete Gottfried St. Nikolaus sah aus einem Fenster seines Klubs und schaute nachdenklich durch den Park. Es schneite, ein eisiger Wind wehte, und der Schein des Mondes fiel nur auf eine einzige Gestalt inmitten einer öden Landschaft. Es war die eines schäbig gekleideten Mannes, der unter den Bäumen Holzstücke sammelte und in einen Sack steckte, sicher zum Heizen. »Gotti« – so nannten ihn seine Freunde – wunderte sich, daß irgend jemand in einem Wohlfahrtsstaat derart arm sein konnte. Er hielt so etwas für höchst regelwidrig und zweifelte daran, ob dieses Sammeln von Brennholz überhaupt gesetzlich zulässig war. Das einzige andere im Rauchzimmer anwesende Klubmitglied war sein eigener Parlamentarischer Privatsekretär (PPS), ein ehemaliger Zögling des exklusiven Internats Harrow namens Page, und der Minister rief ihn jetzt zum Fenster hinüber.

»Sehen Sie den hungrig aussehenden Burschen da drüben? Ich möchte gern wissen, wer er ist und wo er wohnt.«

Der PPS sprach mit dem Portier und kam mit der von seinem Chef gewünschten Information zurück. »Man nennt ihn Holzsammler-Willy, und er läßt sich hier oft blicken. Er wohnt etwa fünf Kilometer von hier entfernt in einer Hütte, die seit langem abgerissen werden soll. Sie liegt von hier aus ganz kurz vor dem neuen Ministerium für Gesundheit und Arbeitsleistung – das Hochhaus neben dem Büro der Wasserbehörde in der St. Agnes Road.«

»Danke, Page«, sagte der Minister. »Ich frage mich«, fuhr er, laut vor sich hin denkend, fort, »ob es gute Publicity wäre, wenn man dafür sorgte, daß dieser arme Kerl ein besseres Weihnachtsfest feiern kann, als es jetzt den Anschein hat.« Er ließ sich am Mitteltisch nieder und kritzelte eine Liste von wesentlichen Artikeln zusammen, die mit einem Sack rauchfreier Kohle begann und mit einer Flasche Portwein minderer Qualität endete. »Die Masche dabei wäre, daß Sie und ich von der Kamera dabei überrascht würden, wie wir ihm durch den Schnee nach Hause folgen. Was meinen Sie, Page? Ist das keine gute Idee?«

»Meine Schuhe sind ungeeignet, Sir.«

»Sie brauchen ja nur in meine Fußstapfen zu treten, und ich habe Galoschen an.«

»Das schon, Herr Minister, aber ich möchte die Behauptung wagen, daß die Idee im Prinzip falsch ist. Wenn die Wohlfahrtsbehörden in diesem Fall versagt haben, dann ist es unsere Pflicht, auf dem üblichen Wege vorzugehen.«

»Sie meinen, wir sollten den zuständigen Parlamentsabgeordneten auffordern, sich mit der Fürsorge in Verbindung zu setzen?«

»Genau. Dann würde der Fall richtig untersucht werden.«

»Das würde aber nicht mehr während der Feiertage sein.«

»Frühestens Mitte Januar, würde ich sagen.«

»Also würde es diesem Burschen Weihnachten nicht helfen . . .«

»Nein, Sir. *Dieses* Weihnachten nicht.«

»Sie haben wahrscheinlich recht. Schade ist es ja doch, vom Standpunkt der Public Relations her.«

»Die Publicity hätte ohnehin danebengehen können.«

»Weil die Situation zu unecht wirkt?«

»Das ist eine Gefahr, die man im Auge haben sollte.«

»Na schön, lassen wir die ganze Idee fallen. Ziehen Sie doch bitte die Vorhänge zu, Page. Ich möchte jetzt nicht wieder dort hinaussehen. Ich muß das Wohlfahrtsproblem in seiner Gesamtheit studieren und kann mich nicht durch irgendeinen Sonderfall ablenken lassen, auch wenn er noch so traurig ist. Wenn es in unserem System der sozialen Sicherheit Schlupflöcher gibt, dann muß es ein administratives Mittel dagegen geben. Als Basis dafür brauchen wir die Fakten, die Statistiken – beispielsweise die über Unterernährung während der Wintermonate. Es wird Jahre dauern, eine solche Studie auszuarbeiten, aber die Arbeit muß getan werden. Ich werde eine Aktennotiz an den Parlamentarischen Staatssekretär schreiben.«

Natürlich hatte er recht. Es ist ein Vorgehen, das von den gewählten Führern der modernen Welt begünstigt wird. Alle müssen gleich behandelt werden, und es wäre falsch, für dringliche Hilfsmaßnahmen das eine Opfer auszusondern, dessen Not zufällig sichtbar ist. Es ist klar, daß er wie alle anderen nach dem Alphabet aufgerufen wird. Unglücklicherweise hieß der arme Mann zufällig auch noch Zimmermann.